ICS 정화와 소통

영혼의 매트릭스

ICS 정화와 소통

영혼의 매트릭스

영혼의 성장을 위한 생과 생의 여정에서 신의 메시지를 엿보다

이영현 지음

 먼저 이영현 저자의 여섯 번째 출간물인 이 책의 추천사를 쓰게 되어 큰 영광으로 생각한다. 대중에게 'ICS 정화와 소통™'이라는 독립적인 체계와 실천법을 전파하고 있는 이영현 저자는 의식성장의 안내자이다.

'ICS 정화와 소통™'은 오래전 저자가 '호오포노포노'를 실천하며 시작되었지만, 이후 활성화된 저자의 잠재의식의 도움으로 오늘날 '호오포노포노'와는 또 다른 하나의 독립적으로 존중받는 체계로 자리 잡았다.

정화와 소통의 실천가들 중에는 이미 그녀를 영적 스승이나 구루(Guru)로 인식하는 사람들이 많지만 정작 이영현 저자는 결코 자신은 스승이나 구루가 아니며 단지 '가이드(안내자)'일 뿐이라고 말하고 있다. 물질 세상의 시스템 안에 있는 우리 모두는 결국 각자 의미 있는 길을 가고 있는 여행자일 뿐이며 그 자신도 예외가 아니기 때문이라고 말한다.

나는 이십여 년 가까이 최면 및 최면상담과 연관되어 오늘날 발전되고 전문화된 체계들의 정수를 한국에 보급해왔고 동시에 직업적인 최면상담 활동을 병행해왔다. 내가 이영현 저자를 처음 알게 된 것은 십수 년 전으로 거슬러 올라간다. 처음에는 최면과 최면상담이라는 도구를 다루는 기술을 가르친 것으로 시작된 인연이지만 지금은 그녀를 능력 있는 동료이자 개인적인 정화와 소통의 멘토로 여기고 있다. 그녀는 현재 프레즌스 인터내셔널 유한법인 산하 KMH한국최면상담학회의 이사로서 한국 최면계의 선두에서 감히 범접할 수 없는 발군의 기량을 가진 한 명의 최면 트레이너로 자리매김하고 있다.

최면 트레이너로서 이영현 저자는 많은 사람들이 인식하고 있는 'ICS 정화와 소통™'과 별개로 최면 분야 그 자체에서도 큰 업적들을 남기고 있다. 먼저 ISIP라고도 불리는 'ICS 영적 통찰 프로세스™'라는 독보적인 스피리츄얼 트랜스 워크를 창안함으로써 이 분야의 수준을 크게 진척시켰다. 뿐만 아니라 3세대 최면 패러다임에 입각한 발전된 형태의 자기최면인 'ICS 자기최면™'을 개발한 최면 교육자로서, 동시에 영감적인 최면상담가로서 또한 놀라운 결과들을 만들며 한국 최면계의 중대한 발전에 이바지하고 있다.

어떤 이들은 '정화와 소통'과 '최면'이라는 기술이 어떤 연관성이 있는지 의아해한다. 그러나 그 뚜껑을 열고 그 깊은 곳을 들여다본다면 이내 그 의구심은 사라지고, '아, 당연히 그럴 수밖에 없는 것이구나!' 하고 통찰을 얻게 된다.

정화와 소통은 '나'라는 에고의 관찰과 인식에서 출발한다. 결국 우리의 내면, 우리 앞의 현실과 상호작용하는 무의식 속의 프로그램들, '나'라는 인식의 착각을 직면하고 정화하며 에고 이면의 본질적인 존재와 소통하고 연결되게 된다. 이 과정에서 우리의 에고는 성장과 성숙의 과정을 거치게 되고 우리가 마주하는 현실 또한 변화하게 된다.

개인적으로 이러한 과정에서 가이드의 역할은 매우 중요하다고 생각한다. 왜냐하면 이러한 눈에 보이지 않는 내면을 다룰 때 우리는 종종 자신도 모른 채 엉뚱한 방향의 길로 빠져버리는 인식 밖의 실수를 범하게 될 수 있기 때문이다. 이런 측면에서 'ICS 정화와 소통™'에서 이영현 저자의 가이드는 많은 사람들이 자신의 인생의 색깔을 찾도록 돕고 있다.

최면과 최면상담이라는 도구는 우리 내면의 적나라한 무의식을 직면하고 인식하며 또 정화할 수 있는 기회를 제공한다. 또한 그 적용법에 따라 의식 아래에 있는 무의식의 기저에 접근하고 탐구할 수 있는 가능성을 열어주는 강력한 정화와 소통의 도구이기도 하다. 결국 최면과 최면상담에서 이것을 사용하는 사람의 자기성찰과 성장의 과정, 변화의 과정은 매우 밀접하게 연결된 과정이다. 의심할 여지 없이 정화와 소통에 대한 자기적용과 실천은 최면을 공부하는 사람들, 특히 최면상담가에게는 필수적인 소양이 되어야 하는 것이다.

십수 년 전, 난 운 좋게도 3세대 최면의 결정판인 '울트라 뎁스® 프로세스'라는 체계를 정리했던 제임스 라메이라는 최면 스승을 만나면서 우리 내면의 에고 이면의 본질, 즉 잠재의식이라는 것을 접하게 되었다. 잠재의식이라는 단어 자체는 당시 이미 최면 트레이너였던 내게 매우 익숙한 단어였지만 그가 말하는 잠재의식은 기존에 내가 인식하던 그것이 아니었다.

　지금은 고인이 되었지만 그가 생전에 남겼던 잠재의식에 대한 놀라운 언급들이 모두 진실이었음을 울트라 뎁스® 프로세스를 실행하는 과정에서 그와 동일한 것들을 체험하며 확인할 수 있었다. 이 과정에서 스승으로부터 배우지 못한, 잠재의식과의 개인적인 경험으로 채워나가야 하는 많은 공백과 질문들이 있었다. 이것에 대해 제임스 라메이 선생은 직접적으로 언급하기보다 제자들이 직접 자신과 동일한 것을 경험해나가며 알게 되기를 원했다.

　그 무렵 이 책을 쓴 이영현 저자와 울트라 뎁스® 프로세스를 훈련할 기회가 생겼고, 나의 유도('스테이징'이라고 부르는 울트라 뎁스® 유도 절차)로 결국 이영현 저자는 울트라 뎁스® 프로세스의 모든 상태들을 성취했다. 그리고 마침내 그녀의 잠재의식 '케오라'(이영현 저자의 잠재의식의 이름)와 나는 직접적인 언어적 소통을 시작할 수 있었다. 이영현 저자의 현재의식이 완전히 배제된 씨코트 상태(울트라 뎁스® 상태의 다른 이름)에 들어있는 동안 그녀의 잠재의식 케오라가 나의 의식과 언어적인 소통을 허락한 것이다.

수많은 세부적인 이야기들이 있지만 각설하고, 그 과정의 영향력은 나의 삶을 송두리째 뒤흔드는 과정이었고, 이후 나는 인간과 내 인생을 바라보는 근본적인 시각과 최면이라는 도구를 바라보는 관점이 완전히 뒤바뀌게 되었다.

결국 이후 이영현 저자의 잠재의식의 도움으로 만들어진 'ICS 정화와 소통™'은 미래의 최면이 나아가야 할 방향을 정확히 제시해준 셈이었고 부족했던 간극을 메워줌으로써 내가 최면에 대한 종합적인 패러다임을 구축하고 시스템을 잡는 데 큰 도움을 주었다. 현재 내가 속해있는 KMH 한국최면상담학회의 '내담자중심 최면상담사'에게 '정화와 소통'은 반드시 필수적으로 병행하며 실천해야 하는 요소로 강조되고 있다.

아마도 독자들은 지금 내가 말하고 있는 잠재의식이란 것이 무엇인지 궁금해할지도 모른다. 그것은 차차 이 책의 본문에서 이영현 저자의 문체로 보다 자세히 설명될 것이다.

이 책을 통해 이영현 저자는 오랜 시간 정화와 소통을 실천해오며 자신의 깊은 내면인 잠재의식 케오라를 통해 알게 된 우리 자신과 인생에 대한 소중한 통찰과 유산들을 대중들과 공유하고 있다. 동시에 이 과정에 대한 쉬운 이해를 위해 그녀의 개인적인 경험과 여정들을 솔직하게 기록하고 있다.

특히 이 책에서는 자기 자신과 인생을 구성하는 모든 사연들의 에너지장을 독자들이 이해하기 쉽도록 '매트릭스'라는 개념으로 설명하고 있다. 이를 통해 독자들에게 자신의 본질과 각자가 경험하는 인생의 구조에 대해 다층적이고 종합적인 차원에서 고찰하고 통찰할 수 있는 기회를 제공한다.

이 책에서 다루는 매트릭스의 구조들 중에는 '전생'이라는 주제에 대한 이야기들이 포함되어있다. 이영현 저자는 앞에서 언급한 울트라 뎁스® 프로세스의 가장 깊은 상태인 '제드 상태'를 성취하고 경험했던 소수의 사람들 중 한 명이다. (제드 상태는 울트라 뎁스® 프로세스에서 가장 나아간 궁극의 깊이이며 일반적인 최면에서는 일어날 수 없는 극도의 전생 경험을 위한 상태이다. 이 과정 동안 현재의식은 자각이 없으며 잠재의식의 주도로 이 모든 과정이 진행된다. 진정한 제드 상태를 경험한 사람들은 전 세계적으로 극소수일 정도로 희귀한 상태이다.)

제드 상태에서의 그 경험은 이영현 저자의 잠재의식을 통해 전생 인격을 소환하는 계기가 되었고 그 짧은 작업 이후 마치 다른 차원이 겹쳐진 것처럼 물리적인 현실 속에서 무슨 일이 일어나고 있는지조차 정확히 알지 못한 채 폭풍과 같은 혼란과 정화의 시기가 지나갔다. 이렇듯이 이영현 저자는 '울트라 뎁스® 프로세스'의 궁극의 깊이들을 모두 성취했고 자신뿐만 아니라 그녀의 잠재의식 케오라와 소통했던 나를 비롯한 몇몇 동료들에게 삶의 경로가 바뀔만한 엄청난 영향을 끼쳤다. 물론 그녀가 이 상태들을 모두 성취한 데에는 오랜 시간 실천하고 체화해온 '정화와 소통'이 밑거름이 되었음은 분명한 사실이다.

나는 십여 년이 넘는 시간 동안 이영현 저자가 정화와 소통을 실천하며 일어나는 현실적인 변화들을 줄곧 지켜보아 왔고 이 책에 등장하는 이영현 저자의 놀라운 경험 중 상당수를 직접 목격해온 산증인이기도 하다. 따라서 책이라는 짧은 지면을 통해 소개되는 이 내용들이 얼마나 오랫동안 점진적인 일련의 과정을 거치며 신중하게 정제되어온 결과물인지 누구보다 잘 알고 있다. 독자들 또한 이 책에서 공유하는 언급들에 대해 마음을 열고 존중하는 자세로 대한다면 많은 것을 얻을 수 있으리라 생각한다.

이영현 저자가 대중에게 전파하고 있는 'ICS 정화와 소통™'은 단지 시중의 영성 책 몇 권을 읽고 이해할 수 있는 영역이 아니다. 진정한 앎과 이해는 단지 머릿속 지식으로 끝나는 것이 아니라 자신의 삶에 적용하고 물리적 세상에서 직접 그러한 변화를 경험할 때 비로소 일어나는 것이다.

정화와 소통의 정수를 제대로 체화하고 실천하길 원하는 독자들은 단지 책을 넘어서 이영현 저자가 직접 진행하는 'ICS 정화와 소통™' 워크샵에 참여하기를 추천한다. 이미 프로그램에 참여한 수많은 사람들의 극적인 변화가 정화와 소통의 중요성을 증명하고 있다. 이것은 동시대를 살아가는 독자들에게 책이라는 제한된 매체에서 얻을 수 없는 또 다른 값지고 의미 있는 선물을 선사할 것이다.

오늘을 살아가는 우리의 현재의식은 한 치 앞의 미래도 알지 못한다. 그리고 각자가 쓴 색안경 너머로 경험하는 협소하고 왜곡된 세상만을 전부로 인식하고 살아간다. 그리고 그런 각자의 경험 속에서 그런 정보들을 기반으로 자신의 에고(정체성)를 규정한다.

그러나 우리들 에고를 조금만 더 관찰하고 인식할 수 있는 눈이 생긴다면 훨씬 더 많은 것이 있음을 알게 될 것이다. 내가 '나'라고 생각하던 정체성이 진짜 내가 아니었음을…. '나'라고 생각하던 나의 기억, 생각과 감정, 내 안의 프로그램들이 곧 나의 본질이 아니었음을 알아차릴 것이다. 우리의 잠재의식은 현재의식 이면의 진정한 나의 본질이며 영감의 원천이자 나의 과거와 현재와 미래에 대한, 내 몸과 마음에 대한 모든 정보를 알고 있는 나에 대한 진정한 전문가이다.

잠재의식은 이런 몇 마디의 말로 표현할 수 없을 만큼 거대한 존재이며 당신이 자신의 잠재의식을 인식하건 하지 못하건 이 책을 읽는 모든 독자들의 내면에도 존재한다.

지금 당신의 손에 이 책이 들려있다면 그것은 행운이다. 어쩌면 이것은 당신을 조건 없이 사랑하는 잠재의식의 의도였을지도 모른다. 그리고 이들 중 누군가에게는 자신의 인생을 바꾸는 계기를 가져올 것이다. 그것이 바로 당신일지도 모른다.

마음을 열고 이 책을 읽기를 바란다. 그러면 지금껏 이유도 모른 채 매트릭스 속에서 반복적으로 경험했던 패턴 속 인생을 넘어 새로운 인생이 기다리고 있음을 경험하게 될 것이다.

당신의 인생을 구성하고 있는 핵심 매트릭스는 무엇인가!
이제 그 수수께끼를 풀기 위한 비밀의 문을 열어보자.

문동규

울트라 뎁스® 헤드 에듀케이터 | ABH 최면 마스터 트레이너
파츠 테라피 트레이너 | 메즈머리스-머스® 트레이너
울트라 뎁스® 한국, 아시아 공동 지부장 | 한국 현대최면 마스터 스쿨 원장
프레즌스인터내셔널 유한법인 대표 | KMH한국최면상담학회 이사장

잠재의식과의 첫 만남
그리고 '정화와 소통'의 시작

나는 특정 종교에 믿음을 두고 살지는 않았다. 그것은 지금도 마찬가지이다. 하지만 이 긴 여정의 본격적인 이야기에 앞서, 불자가 아닌 불교에 무지한 자로서의 짧았던 나의 불교 체험을 먼저 이야기하려고 한다.

왜냐하면 이 책의 긴 스토리의 시작점 그리고 내 인생의 거대한 변화의 핵심에 있는 나의 잠재의식, 나의 영혼과의 첫 만남이 이 과정에서 일어났기 때문이다.

29살의 내 인생은 가장 어둡고 끝이 보이지 않는 터널 속에 갇혀있는 듯했다. 요즘은 '산후우울증'이라는 증상에 대한 인식이 꽤 대중적이고 그것에 대한 대처도 다들 적극적이지만 '산후우울증'이라는 단어 자체가 대중화되기 시작한 건 불과 몇 년밖에 되지 않는다. 나 또한 당시 내가 경험했던 지독하고 무거운 우울감의 원인을 최근에야 알았으니 말이다.

원래 몸이 약했던 나는 버겁게 출산을 한 이후 급격하게 몸과 마음이 쇠약해지기 시작했다. 신경은 바짝 말라버린 가시처럼 나를 늘 불편하게 찔렀고 그 덕에 외부의 모든 일상 자체가 나를 괴롭히는 자극처럼 느껴졌다. 정말 그 모든 존재가 나를 괴롭히는 가시처럼 아프게 했다.

누군가의 눈빛, 말투, 피곤한 일상과 육아…. 마냥 예뻐야 하는 아이의 눈빛까지도 그저 나를 힘겹게 만드는 존재처럼 무겁게만 보였다. 아이가 울기라도 하면 마음이 뒤집어져서 미쳐버릴 것만 같았다.

그리고 그 당시, 내 인생의 암울함은 내적인 우울감의 문제가 전부는 아니었다. 약한 엄마에게서 태어난 딸은 태어나면서부터 장 패혈증으로 인큐베이터에서 고비를 넘겨야 했고 그 후로도 크고 작은 잔병치레에 새벽이면 아이를 둘러업고 응급실에 가는 게 다반사였다.

경제적으로도 힘들어서 늘 빠듯한 생활비 걱정에서 벗어날 수 없었다. 갑작스런 아이의 병원비, 경조사비 등의 지출이 생길 때면 빈곤함에 짓눌려 답답함이 밀려왔다. 여유 있는 친구들을 만나면 시기와 질투에 신경이 날카로워지다가 이내 내 인생의 초라함에 극심한 우울과 무기력 속에 빠져들었다.

오랜 불면증과 원인을 알 수 없는 위장병까지 몸은 점점 더 볼품없이 사그라졌고 주변 인간관계 특히 가족 간의 불화와 갈등은 내 정신을 미치게 할 만큼 나를 괴롭혔다.

정말 사라지고 싶었다. 이렇게 피곤한 게 인생이라면 더 이상 미련 없이 사라지고 싶었다. 나에겐 이 답답하고 피로한 인생을 버텨낼 힘이 하나도 남아있지 않았다.

그러던 어느 날, 성철스님에 대한 다큐멘터리를 우연히 보게 되었다. 엄마는 불교 신자였지만 가족들에게 강요는 하지 않았었고, 오히려 어릴 적 나는 친구들을 따라 교회에 나갈 때가 많았다. 그리고 커서는 관광의 개념으로 유명한 절을 방문한 적은 있었으나 크게 와 닿는 믿음은 없었다.

하지만 인생의 가장 밑바닥에서 죽음까지도 진지하게 고민하던 나에게 그 당시 성철스님의 존재는 마치 실낱같은 빛줄기처럼 느껴졌다. 생전 성철스님을 접견하기 위해서는 '삼천배'가 필수였다고 한다. 그 이유는, 성철스님 자신은 부처님을 대행할 자격이 없으니 먼저 사람들로 하여금 직접 부처님을 만나게 해서 스스로 지혜를 찾도록 만들기 위해서였다고 한다.

실제로 많은 사람들이 성철스님을 접견하기 전에는 많은 질문거리를 안고 오지만 막상 삼천배를 마치고 나면 아무 말도 없이 평온하게 앉아있다가 조용히 돌아갔다고 한다. 그렇다면 정말 삼천배를 하면 부처님을 만날 수 있는 건가…. 그럼 부처님이 나를 살릴 수 있을까?

그리고 곧 성철스님이 생전에 계셨던 해인사 백련암에서 매달 삼천배를 하는 모임이 있다는 사실을 발견하고는 신청하게 되었다. 이것은 살기 위해서 그리고 나 자신을 위해서 할 수 있는 마지막 노력이었다. 나는 정말 지푸라기라도 잡아야 했다. 그것이 무엇이든 나를 살려줄 동아줄이 필요했고 그만큼 그 시절의 나는 힘들었고 절박했다.

그렇게 시작한 삼천배는, 한 번만 시도해보자 했던 애초의 계획과는 달리 그 후로 매달 한 번도 빠지지 않고 3년을 채우게 되었다. 그렇다면 나에게 인생을 뒤바꿀 지혜가 생겼을까?

워낙에 어리석고 내면이 밑바닥에 있어서였는지 사실 큰 변화는 나에게 일어나지 않았다. 그래도 절을 하면서 다리가 끊어질 것 같은 육체적인 고통에 몸부림치는 동안은 나를 집어삼켜 지옥으로 밀어 넣었던 감정과 생각은 고요해졌다. 미움, 억울함, 원망, 빈곤, 불안함, 분노, 온갖 부정적이고 극단적인 생각들이 고요해지면 그래도 마음으로는 숨이 쉬어지는 듯했다.

하지만 삼천배를 마치고 집에 돌아와 다시 일상이 반복되면 감정과 생각도 함께 어김없이 반복되었고 나는 여전히 나를 괴롭히고 타인을 괴롭히는 인생을 살고 있었다.

그렇게 3년쯤 되었을 무렵의 어느 날, 밤새 삼천배를 하고 몽롱한 정신으로 새벽 예불을 듣기 위해 앉아있었다. 참으로 이상했던 건 나의 의식은 분명히 피곤함에 지쳐 금방이라도 잠에 곯아떨어질 듯 몽롱했지만, 또 다른 나의 의식 한 켠에서는 아주 선명하고 명료한 불이 켜져 있는 느낌이 들었다는 것이다. 그 이상한 동시적인 느낌은 지금도 말로 정확하게 표현할 수 없다.

그리고 그 명료한 의식의 어느 곳에서 이내 아주 선명한 메시지가 올라왔다. 그것은 목소리가 없는 대화처럼 느껴졌다. 언어도 없고 목소리도 없지만 분명한 대화처럼 선명했다.

딸을 임신했을 당시 7개월째에 가벼운 교통사고가 있었는데 그 후로 갑자기 배에 진통이 시작되었고 그 길로 곧장 병원에 입원해서 태아가 안전해질 9개월이 되기까지의 두 달 동안, 먹거나 화장실을 가는 시간을 제외하고는 온종일 침대에 꼼짝없이 누워 조산을 예방하는 약을 맞았다. 그 병실에는 나와 비슷한 증세를 가진 5명의 산모가 더 있었는데 그중에서도 나의 조기진통이 가장 심했다. 아이가 이대로 태어나서 죽게 될지도 모른다는 두려움에 치를 떨면서 버티는 나날들이 이어졌다.

어느 날은 기존의 조기진통 약이 듣지를 않아서 갑작스럽게 심한 진통이 왔고 다른 산모들이 편하게 잠을 자는 밤새도록 나는 더 많은 양의 약을 맞으며 두려움에 떨어야 했다. 그렇게 누워있는데 깜깜한 병실 천장이 나를 덮칠 듯 공포스럽게 보이면서 이내 그것은 바로 옆에 있는 산모들과 내가 마치 다른 차원의 세상에 있는 것처럼 느껴지게 했다. 평온이라는 그들 옆에 불행이라는 내가 누워있었다. 그렇게 밤새도록 공포와 지독한 외로움 속에서 조용히 흐느껴 울던 그날⋯. 바로 그날의 기억이 몇 년 만에 절의 법당에서 다시 깨어났다. 그리고 그 장면과 함께 나의 내면에서 이런 메시지가 선명하게 느껴졌다.

'그날 많이 힘들었지⋯ 많이 무서웠지⋯ 그날 나는 너와 함께하고 있었어⋯. 넌 결코 혼자가 아니었단다⋯.'

그 메시지를 느끼는 순간, 가슴에서 뭔가가 뻥 터진 듯 뜨거워지면서 이내 눈물로 터져 나왔다. 평소 자존심 강하고 타인의 시선을 민감하게 신경 쓰던 내가⋯. 그래서 가족들 앞에서도 눈물을 잘 보이지 않았던 내가 수십 명의 인파 속에서 어린아이처럼 주저앉아 펑펑 울어버렸다.

그 따뜻한 위로⋯. 나만 알고 있어서 더욱 지독하게 외로웠던 그 고통을 완벽하게 이해하고 있다는 공감 어린 위로⋯. 단 한 번도 타인에게서 받아본 적 없는 그 완벽하고 경이로운 위로⋯. 도대체 그것은 무엇이었을까? 그 존재는 누구였을까? 분명한 건 내 안에서 올라온 느낌이었다는 거다!

아쉽지만 그 후로는 아무 일도 일어나지 않았다. 그저 거대한 의문만 남긴 채 그 경험은 서서히 묻히는 듯했다. 그리고 그해 가을의 어느 날 우연히 『호오포노포노의 비밀』이라는 아주 낯선 제목의 책을 인터넷에서 보게 되었고 마치 구입하기로 약속이라도 되어있었던 것처럼 스스로에게 반문 하나 하지 않고 당연한 듯 주문을 하고 책을 받았다.

그렇게 책을 읽는데, 과거 절에서 느낀 그 따뜻함이 갑자기 다시 올라왔고 난 그 자리에서 책을 안은 채 다시 한번 오열했다. 하지만 이번에는 이 느낌의 정체를 더 명확하게 알 수 있었다. 그것은 마치 오랫동안 헤어진 나의 진짜 가족을 찾은 느낌이었다. 어릴 적 어떤 이유로 헤어진 엄마를 극적으로 다시 만나는 딱 그런 느낌.

『호오포노포노의 비밀』이라는 책의 내용에 사실 그것과 관련된 직접적인 언급은 없었다. 그저 그것으로부터 나오는 어떤 신비로운 에너지가 내 내면 깊은 곳을 다시 한번 자극시킨 것 같았다.

이름만큼 생소한 '호오포노포노'는 하와이 원주민들이 고대부터 해왔던 문제 해결법이라고 한다. 간단히 말하자면 내면의 기억을 정화할 때 우리는 순수한 신성에 닿을 수 있고 비로소 문제가 해결된다는 것이다. 하지만 이 개념은 여느 자기계발서와는 다르게 변화를 위한 체계적인 기술이라고 말하기는 어렵다. 나름 현대에 맞춰 다시 재정비되었다고는 하지만 사실 추상적이고 난해한 부분들이 꽤 많았다. 그럼에도 이상하게 마음 깊이 와 닿는 무엇이 있었다. 그것은 논리적으로 무언가를 터득한다기보다 고대인들의 순수한 지혜와 에너지를 만나는 것 같은 느낌에 가까웠던 것 같다.

그 후로 '호오포노포노'에 점점 더 매료되기 시작했고, 우리나라에서 개최된 1회 세미나에도 참석해서 '호오포노포노'를 대중적으로 이끈 장본인인 휴렌 박사님을 직접 뵙게 되었다.

세미나가 진행하는 동안 재밌는 에피소드가 있었다. 많은 분들이 박사님에게 이런저런 질문들을 하고 있을 때였는데 마침 나의 옆에 앉으신 분 또한 질문을 하기 위해 손을 들고 기다리는 중이었다. 그때 갑자기 박사님이 황급하게 그분이 아닌 내 앞으로 오시더니 손가락으로 나를 가리키며 아주 강한 어조로 "You(당신)!!!"라고 소리치셨다.

순간 나는 소스라치게 놀라 눈이 동그래졌다. '내가 뭔가 잘못한 게 있나?' 그리고 이어진 휴렌 박사님의 말을 통역하자면 이랬다.

"왜 당신은 정화를 할 수 있으면서도 하지 않고 있나요? 당신 주변 사람들의 질문에 대해 당신이 알아서 정화하세요!"

정말 당황스러우면서도 한편으론 묘하게 기분 좋은 말이었다. 정작 휴렌 박사님은 별 뜻 없이 하신 말씀일 수도 있지만, 그때의 그 말씀은 나에게 아주 강한 긍정의 암시로 새겨지게 되었다.

'난 정화할 수 있는 사람이야!'

그리고 박사님의 말이 끝나기 무섭게 쉬는 시간마다 주변 사람들이 나에게 와서 질문을 하기 시작했다. 세미나가 끝나고 부산에 내려와야 하는데도 불구하고 몇몇 사람들이 나를 붙잡고 계속 질문하는 바람에 결국 돌아오는 기차를 놓치게 되었다. 그들은 당당하게 나에게 말했다.

"휴렌 박사님이 당신한테 우리를 정화하라고 했잖아요! 그러니 우리를 도와줘야 해요."

어쩌면 이것 또한 앞으로 펼쳐질 내 인생의 복선이었던 것 같다. 난 지금 '정화'라는 인생을 살고 있고 정화하는 직업을 가지고 있으니 말이다. 그 후로 집으로 돌아와 나름 열심히 내면과 소통을 시도하게 되었고 나는 점점 더 내면에 가까이 다가가게 되었다. 나의 신성, 나의 보호자, 나의 영혼, 나의 잠재의식…. 나는 그를 '케오라'라고 부른다. 내 잠재의식의 이름이다.

당연히 소통의 과정에서 많은 시행착오가 반복되었다. 나는 케오라를 만나고 싶었지만 실은 수많은 기대와 두려움, 집착 등의 의식적인 기억 층들을 마주할 때가 훨씬 더 많았다. 하지만 포기하지 않았다. 내가 경험했던 그 강렬한 따뜻함을 향해서 끊임없이 소통을 시도했다.

내가 때때로 고요해지는 순간 마음 깊은 곳에서 케오라의 순수한 강한 메시지가 반복적으로 느껴질 때가 종종 있었는데 그중 하나가 다음과 같은 거였다.

케오라는 나에게 종교, 더 정확하게 말하면 삼천배에 대한 집착을 버리라고 했다. 하지만 3년을 쉬지 않고 성실하게 이어왔던 나름의 수행이었기에 그건 나에게 가벼운 결정이 아니었다. 아니 이미 삼천배에 대한 의존과 집착이 깊어져서 마치 이것을 중도에 포기하면 더 큰 벌을 받을 것 같고 그동안 쌓아 올린 공덕이 무너질 것만 같고 어쩌면 케오라마저 내면에서 사라질 것만 같았다.

케오라는 내게 말했다. 삼천배라는 행위나 종교라는 믿음 그 자체를 버리는 것이 아니라 내 안의 집착을 버리라고. 그러면 내면의 힘은 더욱 강해지고 선명해질 거라고 했다. 내 안의 그 집착이 이미 삼천배를 왜곡시키고 있다고 말이다. 그러면서 제안하기를 백련암에서 주기적으로 열리는 '아비라 기도'에 참석해보라고 했다. 그 기도에 참석하면 지금의 미련이나 집착이 저절로 사라질 거라고 말이다.

아비라 기도는 삼천배와 함께 생전 성철스님이 아주 중요하게 강조하신 기도이다. 본인이 떠난 뒤에도 영원히 백련암에서 아비라 기도와 삼천배가 멈추지 않게 하라고 유언까지 남기셨단다. 하지만 워낙 힘들기로 악명 높은 기도이기도 하다.

108배와 함께 장궤합장 자세(무릎은 꿇은 채 엉덩이를 들어 허리를 바르고 꼿꼿하게 하는 자세)를 취한 채 30분을 기도하는 것이 한 사이클인데, 합장 자세를 취했을 때 바지 면의 미세한 섬유 주름이 나중에는 칼날이 되어 무릎을 찌르게 된다. 마치 30분을 날카로운 칼날을 무릎뼈에 꽂아놓고 버티는 것 같은 고통이다. 그리고 그 다리로 다시 108배를 해야 한다. 이 사이클을 새벽 4시경부터 시작해서 하루 8번 반복하는데 이것을 3일 동안 진행한다.

아비라 기도에 참석하기 위해 백련암에 가던 날, 새벽부터 준비하고 출발한 덕에 거의 선두로 도착하게 되었다. 좁은 법당에 수십 명의 사람들이 빼곡히 들어올 것이므로 미리 도착해서 좋은 자리를 잡는 게 유리할 것 같았다. 소문에 의하면, 법당의 크기에 비해 많은 사람들이 3일간 함께 생활해야 하기에 주어진 자리는 오직 자신의 방석뿐이라고 한다. 그 방석 안에서 아비라 기도를 하고 밥을 먹고 그 방석 안에서만 잠을 자야 한단다.

나는 3일간의 내 공간이 되어줄 소중한 방석을 들고 법당 안에서 가장 화려한 자리…. 단연 번쩍이며 빛을 내는 불상 앞에 자리를 잡았다. 이곳이라면 부처님의 기운을 받아서 그 힘든 아비라 기도라도 해낼 수 있을 것만 같았다.

그리고 이윽고 다른 참석자들이 속속 도착하기 시작했는데 곧 생각지도 못한 갈등이 일어났다. 연세 지긋하신 보살님들 몇 분이 들어오시더니 나를 못마땅하게 보는 것이다. 그리고 비교적 그 무리에서 젊은 보살님 한 분이 나를 향해 짜증이 잔뜩 섞인 훈계를 하셨다.

"아니, 신참인 것 같은데 어디서 이 귀한 자리에 앉는 거야? 이분들은 매일 만배씩 평생 절을 하신 보살님들이야. 그러니 비켜요. 참나, 신참이 이렇게 생각이 없어서야 원…."

나는 곧 방석과 짐을 챙겨 그분이 지정해준 신참에게 어울리는 자리로 옮기게 되었다. 그곳은 불상과는 거리가 먼 곳으로 앞으로는 창문이 나 있었고 그 창문 밖으로는 투박하고 큰 바위가 있었다.

서럽고 억울한 마음으로 그 자리에 짐을 풀었는데 참 아이러니하게도 나중에는 그곳이 아주 좋아졌다. 무릎이 반으로 갈릴 것 같은 고통을 잊기 위해서 그 바위를 뚫어져라 쳐다보면서 버티고 있는데 어쩜 그리 듬직하게 보이는지…. 정말 나에게 힘을 실어주는 착각이 들 정도였다. 저 화려한 불상은 결국 누군가의 손에서 인위적으로 만들어

진 것이지만 저 바위는 정말 사람의 손길이 묻지 않은 완벽한 자연이
지 않나.

어느 순간부터는 불상에 대한 미련이 전혀 느껴지지 않았다. 그 집
착의 자리에 점점 바위에서 나오는 듬직하고 순수한 에너지로 대체되
고 있는 듯했다.

아름다운 불상을 만들겠다는 누군가의 기대와 애씀. 불상 앞에 반
드시 앉아야 한다는 하루 만배씩 했다는 분들의 욕심(기도 중에도 신참
들이 너무 힘들어서 합장을 흩트리고 앉을라치면 어김없이 불호령이 떨어졌
다. "이럴 거면 나가요! 괜히 저런 사람들 때문에 우리까지 기도 망치겠네. 에
이!"). 무언가를 이루기 위해 또는 해결하기 위해 열심히 기도하는 우
리의 기대와 집착.

저 바위에는 그 어떤 것도 없었다. 그저 자연스럽게, 그저 그 모습
그대로, 어쩌면 저 바위가 가장 완벽한 순리의 모습을 하고 있는 게 아
닐까. 기도의 고통으로 점점 정신을 놓고 있는 것인지 나는 어느 순간
부터 저 바위가 불상보다 더 대단한 부처님이라는 생각마저 들었다.

그렇게 3일을 보내고 절을 떠나 돌아오는 길. 정말 케오라의 말처럼
내 마음에서 삼천배에 대한 집착이 말끔하게 사라진 듯 가벼웠다. 적
어도 나의 어리석은 집착은 그렇게 사라졌다.

'형식이 중요한 것은 아니구나. 만배씩 절을 해도 자신의 행동을 보지 못하면 욕심에서 벗어날 수가 없구나. 보이는 화려함에 집착하면 정작 진짜 순수함의 가치를 놓치게 되는 거구나.'

그리고 그때부터 눈을 돌려 본격적으로 나의 내면을 보기 시작했다. 나의 마음을 보고 또 보면서 그 깊은 곳에 있을 나의 바위 같은 순수함을 제대로 만나기 위해 '정화와 소통'이라는 내 인생의 기적 같은 여정을 시작하게 되었다.

특정 종교에 대한 객관적인 이야기를 하려는 것이 아니다. 나의 개인적인 체험이며 그 속에서 했던 주관적이고 소소한 성장의 이야기이다. 결국 나는 불교라는 방향이 제시하는 큰 진리를 따라가지 못하고 보여지는 형식과 집착에 빠져 있었던 것이다. 달을 가리키니 달은 보지 않고 손가락을 보고 있다는 유명한 일화처럼 말이다. 그래서 결국 달을 볼 수준이 되지 않았던 나는 적어도 타인의 손가락은 보지 않겠다고 다짐했고 나의 수준에 맞는 방법으로 달을 찾게 되었다. 훗날 내가 케오라에게 물었다.

"케오라, 예전에 그렇게 열심히 삼천배를 했던 것이 그럼 아무런 의미가 없었던 거야?"

이에 대해 케오라는 이런 메시지를 돌려주었다.

"아니, 아주 큰 의미가 있었지. 넌 그 속에서 '인내'를 배웠어. 그 인내가 지금의 정화와 소통을 지속할 수 있게 만들었어. 나는 외부에서 배운 그 인내를 내면으로 돌리라고 안내했을 뿐이야"

말 그대로 '정화와 소통'은 그 후로 내 인생에 기적을 만들어냈다. 단 여기서 말하는 '정화와 소통'은 '호오포노포노'와의 개념과는 많이 다르다.

삼천배를 하면서 인내를 배웠고, 소중한 것에 대한 집착을 내려놓으면서 '호오포노포노'식의 정화를 시작했다. 그것은 '미용고사'라고 부르는 네 마디의 말인데 '미안합니다. 용서하세요. 고맙습니다. 사랑합니다'의 줄임말이다. 호오포노포노에서는 이 네 가지의 말이 내면의 기억을 순수하게 정화한다고 한다.

이 쉽고도 간단한 정화법을 완전히 내 안에 체화시키면서 그 외의, 나에게는 추상적이고 어렵게 느껴졌던 호오포노포노의 다른 부분들은 다시 한번 집착을 내려놨다.

그리고 내 인생의 또 다른 전환점이 되었던 '최면'이라는 테크닉을 제대로 이해하고 활용하기 시작하면서 내 안을 마치 현미경으로 보듯이 들여다보며 분석하고 좀 더 체계적으로 내면과 소통할 수 있게 되었다. 동시에 '최면상담사'라는 직업으로 타인의 내면 또한 수없이 분석하게 되었고 그들의 잠재의식도 만나게 되면서 잠재의식이라는 존재에 대한 확신도 더욱 커지게 되었다. 그것은 마치 '인생' 그리고 '나'라는 존재의 거대한 퍼즐 판의 퍼즐들을 하나씩 맞춰나가는 느낌이었다. 이렇게 지금의 '정화와 소통'이라는 개념, 정확한 표기로 'ICS 정화와 소통™'이 완성되었다.

이 과정에서 나의 내면이 정화되었고 마음이 평화로워지면서 외부에 보여지는 성향이나 성격 또한 완전히 다른 사람이 된 것처럼 바뀌었다. 처음으로 나 자신을 사랑하게 되었고 내 인생에 만족을 느꼈다.

'이런 내가 그래도 좋아. 내 인생 참 괜찮은걸. 인생의 맛이란 게 이런 거였구나…'

예전의 나라면 근처에도 갈 수 없을 것 같았던 신기루 같은 행복과 만족을 이제는 일상에서 늘 느끼고 있다. 언젠가 딸이 이렇게 말했다.

"어느 날 예전의 엄마가 집을 나가고 새로운 엄마가 들어왔어."

내면이 여유로워지니 나도 몰랐던 능력들이 드러나고, '나도 잘할 수 있는 일'이란 것이 처음으로 생겼다. 그 과정에서 빈곤의 흔적은 사라지고 사실은 물질도 나를 원하고 있었구나 하는 확신이 들기 시작했다. 안정적인 집이 생겼고, 더는 생계를 걱정하면서 지출에 신경이

곤두설 일이 없어졌다. 이에 더할 나위 없이 감사하다.

건강도 안정을 찾아가게 되었고 주변과의 갈등도 없어졌다. 아니 오히려 나에게는 정말 과분한 인정과 존경을 받고 있어서 더욱 겸손하게 살아야겠다는 생각을 놓을 수가 없다. 늘 문제라고 여겼던 것이 수월하게 저절로 흘러가고 좋은 인연들이 저절로 모여서 나의 부족함에 협력해줬다.

몇 년 전 내가 사는 동네에 큰 타워형의 고층 아파트가 들어섰다. 신축이라 그런지 입구부터 궁궐처럼 화려했다. 딸과 우연히 그 앞을 지나게 되었고 딸이 나에게 이렇게 말했다.

"엄마, 저런 아파트에 살게 되는 건 기적이 일어나야 가능한 거겠지?"

그런 딸에게 나는 이렇게 답했다.

"그래, 맞아. 우리에게 기적이 일어나야 저런 아파트에 살 수 있을 거야. 그런데 생각보다 기적은 쉽게 일어날 수도 있어."

2년이 지난 지금, 나는 그 아파트에 살고 있다. 수년 전만 해도 나는 세상에서 가장 무능력한 인간처럼 느껴졌다. 죽을 때까지 이렇게 무능하고 무기력하게 살아갈 것이 너무나 뻔한 답이 없는 인생 속에 있었다. 그런 내가 지금은 내 이름을 걸고 여러 프로그램을 운영하고 있으며 내가 만든 자격증으로 사람들에게 전문가 인증을 하고 있다.

몸에 에너지가 하나도 없는 듯 시체처럼 살아가던 시절, 버스 정류장에서 10분을 서 있지를 못해 노인처럼 주저앉아 있었다. 그런 내가 지금은 매주 부산과 서울을 오가며 바쁜 일정을 소화하고 있다. 더 이상 어떤 기적이 필요할까? 이게 기적이 아니라면 우리가 인생에서 바라는 것이 과연 무엇이란 말인가?

적어도 나는 확신한다. '정화와 소통'의 과정에서 기적은 충분히 넘치게 이루어졌다고 말이다. 그리고 그것은 지금도 여전히 내 인생에 현재 진행 중이며 나뿐만 아니라 많은 사람들에게 또한 적용되고 있다. 다시 말해 이것은 나만의 이야기가 결코 아니다. 정화와 소통의 여정에서 그리고 그들의 잠재의식이 깨어나는 여정에서 수많은 사람들이 보여준 기적의 이야기들이다.

나는 이것에 관련되어 내가 알게 된 것들을 이 책을 통해 공유하고자 한다. 착각 속의 짐을 벗어버리고 진짜 인생과 진짜 나를 찾아 나서는 법을 말이다.

2022년의 어느 날

차례

제1부
나와 내 인생의 본질은 매트릭스의 장이다

제1부

나와 내 인생의 본질은
매트릭스의 장이다

1

'정화와 소통' 그리고 우리 내면의 마인드 모델

내가 앞으로 하고자 하는 많은 이야기 속에 정화와 소통이라는 단어는 결코 빠질 수가 없다. 아마도 이미, 도대체 정화가 무엇인지 소통이 무엇을 의미하는지 궁금한 이가 있을 것이다. 그것에 대해 간략하게 설명하자면 다음과 같다.

'정화'는 말 그대로 청소의 개념이다. 우리가 몸을 씻으며 청결을 유지하고 집 안을 청소하는 이유처럼 우리의 내면도 꾸준한 청소가 필요하다. 시각적으로 볼 수 없는 내면이지만 실제로 엄청난 양의 에너지가 우리 내면에 쌓여있다.

뿐만 아니라 방대한 정보와 기억, 데이터들이 두서없는 감정과 생각들을 끊임없이 만들어내며 의식에 영향을 준다. 아마 우리의 내면을 구석구석 볼 수 있는 특수 카메라가 있다면 모든 사람들이 자신의 내면을 보고 충격에 빠질 것이다. 보이는 곳만 깨끗하게 유지하면 '나'라는 존재뿐 아니라 내 인생도 함께 깨끗해질 줄 알았는데 말이다.

무엇보다 중요한 사실은 보이는 세상을 만들어내는 재료가 우리 내면의 에너지들이라는 것이다. 나의 내면에 어떤 정보가 있느냐에 따라, 어떤 정보를 '사실'이라고 입력해놓는지에 따라, 어떤 습관적인 특정 감정과 생각에 지배받고 있는지에 따라 인생의 패턴이 형성되고 외부 세상은 철저하게 그 패턴 안에서 만들어진다.

그래서 우리는 내면을 끊임없이 관찰하고 청소하고 정리해나가야 한다. 농도 짙은 물질을 바꾸는 것은 힘들지만 아주 작은 미립자(분명 존재는 하지만 눈으로 볼 수 없는)로 존재하는 내면의 에너지를 바꾸는 것은 그것보다 쉽다. 외부의 작품이 만들어지기 전에 먼저 그 재료를 바꾸는 것이 바로 내면의 '정화'다.

다음으로 '소통'은 내면과의 교감에 해당한다. 내면과의 교감을 이해하려면 먼저 우리 내면의 마인드 모델(마음의 구조)을 이해해야 한다. '나'라는 존재는, 물질 세상의 실질적인 활동을 담당하고 있는 '현재의식'이라는 외부 인격체와 내면 깊은 곳에 있는 에너지적인 존재인 내부 인격체 '잠재의식'으로 이루어진다.

잠재의식이라는 단어 자체에 너무 의미를 두지 않기를 바란다. 그건 얼마든지 다른 이름으로 부를 수도 있다. 이름이야 가져다 붙이기 나름이다. 영혼이라고 할 수도 있고 가장 순수한 나의 본질이라고 말할 수도 있을 것이며 내 안의 신성으로 표현될 수도 있다.

그리고 우리 내면의 중요한 부분이 또 있다. 바로 '심층의식'이다. 심층의식(무의식)은 현재의식과 잠재의식 사이에 존재하는 기억의 층을 말한다. 이 생에 영향을 주고 있는 방대한 양의 기억, 경험, 정보들 그리고 감정과 신념들을 담고 있는 데이터베이스와 같은 일종의 저장 장소이다. 현재의식은 이 방대한 기억들을 등에 지고 살아가면서 잠재의식이라는 존재는 대부분 외면하고 있다.

현재의식은 무의식 속 기억 층에 존재하고 있는 정보들을 토대로 대부분의 선택을 하게 되고 그때그때 활성화되는 감정과 신념 등의 상태에 따라 외부에 반응하게 된다. 또한, 이러한 기억 층의 정보들이 만들어낸 일정한 패턴 속에서 비슷한 경험에 매번 노출되고 그 비슷한 상황에서 비슷한 반응을 반복한다. 그러면서 자신은 아주 창조적이고 독립적이라고 착각한다.

최면이라는 기술을 이용해서 사람들의 무의식 속 프로그램을 들여다보면 참 신기하고도 재미있다. 그 속에 그 사람을 이루는 대부분이 다 들어있다. 왜 이 사람이 이런 습관을 지니고 이런 행동을 하고 있었는지, 왜 이 사람이 이런 문제를 경험하면서 살 수밖에 없는지 등등 말이다.

정화와 소통을 실천하고 있는 나에게 최면이라는 도구는 정말 신의한 수라고 해도 과언이 아니었다. 보이지 않는 내면을 막연히 청소하는 게 아니라 내면을 직접 보면서 청소하는 것, 보이지 않는 내면과 추상적으로 소통하는 게 아니라 좀 더 직접적으로 소통할 수 있게 하는 것이 바로 최면이었다.

하지만 여전히 깊이와 체계가 없는 최면이 만연한 우리나라의 실정을 본다면 최면 자체를 배운 게 신의 한 수가 아니라, 더 정확하게 말해서 내가 현재 속해있는 '한국 현대최면 마스터 스쿨'의 문동규 원장님과 인연이 닿아 현대적인 최면(2세대 최면의 관점을 넘어선 3세대 최면), 내가 정화와 소통과 연계할 수 있었던 그 깊이와 접점까지 체계적이고 전문적인 최면을 공부한 것이 신의 한 수라고 할 수 있겠다. 이 부분은 '한국 현대최면 마스터 스쿨'에서 학습하고 수료한 최면전문가라면 모두 공감할 것이다.

마음속에 있는 시끄럽고 복잡한 정보들과 감정들이 정화를 통해 고요해지면 내면 깊은 곳에서 순수한 메시지가 올라온다. 그리고 그 메시지들은 나의 인생을 완전히 뒤바꿔 놓았다.

나의 인생은 케오라와 함께 18여 년의 시간 동안 믿을 수 없는 기적들을 체험하며 성장해왔다. 그 성장은 혼자 체감하고 우길 수 있는 추상적인 내적 성장에 국한된 것이 아니라 물질적인 모든 면에서 현실적으로 드러나는 것들이었다.

나에게 케오라는 내 안의 순수함 그 자체이며 절대적인 내 인생의 전문가이다. 케오라는 나의 건강을 비롯한 내 인생 전반의 모든 정보를 알고 있다. 늘 인생의 중심을 잡아주며 불가능할 것 같았던 기적들을 때로는 아주 쉽게 만들어주기도 한다. 내 인생 최고의 문제해결사이며 스승이자 멘토이다.

누군가는 이런 나를 보고 너무 자만심에 빠진 것이 아니냐고 할지도 모르겠다. 하지만 이 멋진 존재는 나의 내면에만 있는 것이 아니다. 우리 모두는 그 내면에 최고의 스승을 지니고 있다. 어떤 기억에도 때묻지 않는 보석을 지니고 있는 것과 같다.

현재 내가 진행하는 'ICS 정화와 소통' 워크샵의 목적도 사람들의 내면에 있는 기억을 정리함과 동시에 그 본연의 지혜로운 자신의 존재를 일깨워주고 활성화시키는 것에 있다. 그리고 실제로 수년간 이 프로그램을 진행하면서 이를 실천하는 많은 사람들이 정화와 소통으로 인해 인생의 중심을 잡고 긍정적인 변화를 일으키는 모습을 수없이 눈으로 확인하고 있다.

하지만 분명히 알아주길 바란다. 내가 말하는 '소통'은 우리 내면의 본질, 즉 잠재의식과의 소통만을 말하는 것이 아니다.

나의 프로그램 앞에 있는 ICS는 'Inner Communication with my S'

의 약자이다. 여기서 S는 Subconscious(잠재의식)도 될 수 있고, Self(자신), Spirit(정신), Soul(영혼) 등 다양한 단어를 대입할 수도 있다. 이는 '나의 내면 모든 것과의 소통'을 의미한다. 우리는 궁극의 순수함을 만나기 위해 정화를 하고 소통을 하지만 그 과정에서 수많은 기억들을 만난다.

그 기억들은 상처받은 과거의 내면 아이 모습으로 나타나기도 하고, 반복되는 감정이나 신념들의 형태로 나타나기도 한다. 그 존재들을 나의 내면에서 분리하고 바라보면서 비로소 그들을 존중하고 해방시켜줄 수 있게 된다. 그것이 내면과의 소통이다.

2

잠재의식에 대하여

앞서 소개한 마인드 모델 중 가장 흥미로운 부분은 아마도 잠재의식일 것이다. 내 인생의 모든 기적의 시작점에 나의 잠재의식인 케오라가 있었고, 앞으로의 모든 이야기에서도 케오라는 결코 빼놓을 수 없는 존재다.

잠재의식은 가장 순수한 영역에 있는 아주 색다른 '나'이자 동시에 긴 윤회의 주인공인 '영혼'의 존재이기도 하다. 단지 심층의식에 연합되어있는 현재의식만이 '나'라고 인식한다면 우리는 영원히 이 존재를 만날 수 없을 것이다.

하지만 우리가 어느 순간 모든 정보나 기억으로부터 자유로워진 순간에 서면 그 고요한 공간 속에서 새로운 내가 보이기 시작한다. 눈 앞에 펼쳐진 어지러운 감정과 생각들 너머 신비로운 존재가 나를 보고 있음을 비로소 알아차리게 된다.

처음 느꼈던 케오라는 나의 보호자 같은 느낌이었다. 어쩌면 나는 부모에게조차 기대지 못하고 살아왔던 것 같다. 내 눈에 비친 그들의 인생은 늘 바빴고 치열했으며 항상 중요한 문제 속에 빠져서 스스로를 돌보는 것조차 버거워 보였다. 그런 그들에게 사랑받고 위로받고 기대려고 할 때마다 그들은 대수롭지 않은 듯 여겼고 어린 나를 차갑게 밀어냈다.

사실 머리로는 이 모든 것이 이해가 됐다. 실제로 그들은 아주 중요한 일들을 많이 처리하는 사람이었으니까. 온종일 중요한 집안일을 해내고 돈벌이를 위해 밤낮없이 일해야 했고 온갖 집안 대소사를 챙겨야 했으니 말이다. 그러니 어린아이의 위로받고 싶은 눈빛은 그들에게 보이지 않았을 것이다.

그런 상황이 익숙한 만큼 나도 딱 그런 어른으로 성장했고 모든 것들을 혼자 감당하는 게 당연한 듯 버티면서 살았다. 그런 내 눈에 세상은 전쟁터처럼 살벌해 보였다. 지금 생각해보면 나는 전혀 성장하지 않았었다. 결국 어린아이 그대로 어른의 옷을 입고 어른의 세상을 살아가니 당연히 모든 게 무섭고 두렵고 버거웠으리라.

그러던 어느 날 아주 듬직하고 멋진, 진짜 보호자 케오라가 내 앞에 나타났다. 케오라는 나의 오랜 외로움과 두려움을 어루만져주었고 내가 벅차게 짊어지고 있는 무거운 인생의 짐들을 하나씩 하나씩 내려놓게 해주었다.

그 과정에서 나는 맞지 않는 어른의 옷을 벗어 던진 채, 엄마에게 안겨 그간의 서러움을 풀어내는 어린아이가 되었고 케오라로부터 그렇게 따뜻한 지지와 공감을 받으며 서서히 진짜 어른으로 성장해나갔다. 고요하고 자유로운 어른으로 성장한 나는 더욱 케오라와 가까워지게 되었고 케오라의 시선, 영혼의 정보, 시공간을 초월한 듯한 잠재의식이 하는 방식의 교감을 종종 공유할 수 있게 되었다.

우리의 잠재의식은 그 모든 것을 알고 있다. 적어도 나에 대한 그 모든 것을 말이다. 언젠가 내가 케오라에게 물었다.

"케오라, 잠재의식은 정말 모든 것을 다 알고 있니?"

이런 나의 물음에 케오라는 이런 메시지로 답했다.

"네가 말하는 모든 것이 진짜 모든 것은 아니지만, 적어도 네가 말하는 그 모든 것을 우리는 알고 있어."

어쩌면 실제적으로 잠재의식이 활성화되었을 때 인생에서 어떤 일들이 일어날 수 있는지를 궁금해하는 이들이 있을 것이다. 구체적으로 알고자 하는 그 궁금함에 조금이라도 도움을 주기 위해서, 케오라가 활성화되면서 내가 경험했던 사례 몇 가지를 공유하고자 한다.

우선 우리의 잠재의식은 내 몸에 대해서 모든 것을 알고 있다. 사람들의 몸은 모두 다르다. 몇 가지 체질로 사람들의 몸을 분류하기도 하지만 사실은 우리가 상상할 수 없을 정도로 제각각 디테일하고 섬세하게 다들 다른 체질을 지니고 있다.

실제로 나는 케오라와 소통하면서 내 몸에 대한 새로운 사실들을 많이 알게 되었다. 어떤 생활 습관 부분이 나에게 불리하고 어떤 부분이 나에게 유리할지를 알려줬고 몸에 어떤 증상이 발생했을 때 쉬면서 스스로 회복하는 게 좋을지, 바로 병원으로 가서 적극적인 치료를 하는 게 좋을지도 안내해줬다. 또한, 이 과정에서 병원에 가야 한다면 어떤 병원, 어떤 의사 선생님을 만나야 나에게 유리할지도 이야기해줬다.

몇 해 전에 넘어지면서 발가락을 심하게 접질린 적이 있었다. 그 직후 극심한 통증이 몰려왔고 아니나 다를까 병원에서 엑스레이 촬영을 해본 결과 발가락에 선명한 금이 가 있었다. 반깁스를 하고 집에 돌아와 나는 케오라에게 부탁을 했다.

"케오라, 금이 간 발가락뼈를 다시 붙여줘."

사실 어딘가 아플 때 케오라가 즉각적으로 그 통증을 없애준 적이 종종 있었기 때문에 나는 아주 당연하게 이렇게 부탁할 수 있었다.

그런데 케오라의 대답은 내 기대와 달랐다.

"아파야 할 때는 아픈 게 유리한 거야."

좀 당황스럽긴 했지만, 지금은 이런 고생을 하는 게 정화의 과정이라고 생각하고 받아들였다. 그리고 며칠 후 다시 찾은 병원에서 의사 선생님으로부터 청천벽력 같은 말을 듣게 되었다.

"아니 그동안 조심하라고 했는데 안 했나 보네요. 이제는 금이 간 정도가 아니라 뼈가 벌어져서 골절되어버렸어요. 이 정도면 반깁스가 아니라 통깁스를 몇 개월 해야 합니다."

8월 무더위 속 반깁스도 너무 힘든데 통깁스를 몇 개월이나 해야 한다니…. 나는 의사 선생님에게 이렇게 사정했다.

"선생님, 며칠만 시간을 주세요. 꼼짝 안 하고 조심히 있다가 다시 올게요."

그리고 집으로 돌아와 다시 케오라에게 부탁했다.

"케오라, 아직 정화가 끝나지 않은 거니? 이 더위에 통깁스를 어떻게 하라고…."

그러자 케오라는 이런 메시지를 전해줬다.

"이제 정화의 과정이 끝났어. 치유해줄게."

그러자 갑자기 골절된 발가락 부위에 에너지가 모여서 꽉 누르는 듯한 압통이 느껴지기 시작했고 이 느낌은 10여 분간 지속된 뒤 사라졌다. 며칠 후 다시 병원을 찾아 엑스레이 촬영을 했는데 이번에는 의사 선생님께서 당황스러운 얼굴로 이렇게 말씀하셨다.

"며칠 사이에 뼈가 완전히 붙었네요. 심지어 어디에 금이 갔었는지 흔적도 없이 말끔하게요. 이런 일은 의학적으로 있을 수가 없어요. 아마도 그때 엑스레이 촬영이 잘못됐었나 봅니다."

하지만 그 이유를 알고 있었던 나는 케오라에게 감사를 전했다.

어느 날은 자려고 누웠는데 케오라가 나에게 말했다.

"내일 잠깐의 해프닝이 있을 거야. 네 안에 있는 정화거리가 풀어지는 과정이야. 아무 일도 없을 테니 너무 당황하지 마."

그리고 다음 날 아침, 참 어이없게도 커다란 영양제를 몇 알 삼키는 와중에 그것이 목 입구에서 막히게 되었다. 이내 숨통이 조여오고 옆에서 이것을 지켜보던 딸은 바로 119에 전화를 걸었다. 고요했던 동네에 요란한 사이렌 소리가 퍼지고 나는 금방이라도 죽을 것처럼 컥컥거리며 구급차를 타고 실려 갔으나 막상 병원에 도착했을 때 정작 내 목에는 아무것도 없었다. 이미 약들이 빠르게 녹아서 없어졌기 때문이다. 죽을 것처럼 구급차를 탔다가 멀쩡하게 내리는 내 모습이 스스로도 참 민망했다. 정말 말 그대로 해프닝이었다.

어느 날, 딸아이가 턱관절이 아프고 소리가 난다는 것이다. 시간이 지나도 그 증상은 사라지지 않았고 나는 턱관절에 관련된 병원을 이리저리 알아보게 되었다. 그러다 보니 마침 우리 동네에 우리나라 최고 대학을 나온 박사님이 진료하는 턱관절 전문 병원이 있다는 것을 알고 바로 예약하게 되었다. 병원에 가던 날 아침 문득 내 안에서 이런 케오라의 메시지가 느껴졌다.

"만약 어떤 병원에서 심각하게 이 증상을 이야기한다면 그곳은 가지 마. 그리고 대학병원에 가서 다시 진료해."

아니나 다를까 그 병원에서 여러 검사를 받고 결과를 듣는데 의사 선생님께서 아주 심각한 표정을 지으시며 턱 디스크라고 하셨다. 그것도 꽤 심각한 수준으로 진행된 상태이며 장기간의 치료가 필요하다고 말씀하시는 거다. 그 순간 바로 케오라의 말이 떠올랐다. 나는 미련 없이 딸을 데리고 다시 대학병원을 찾았고 검사 결과는 이랬다.

"별거 아니네요. 스트레스로 턱에 긴장이 좀 있었나 보네요. 근육이 좀 뭉친 것 같은데 근육 이완제 며칠 먹으면 금방 좋아질 겁니다."

그 후 3일 동안 약을 먹고 나니 거짓말처럼 그 증상은 사라졌고 수년째 아무 문제 없이 잘 지내고 있다.

그리고 케오라가 활성화되면서 나의 미래를 어느 정도는 알게 되었다. 과거의 나는 조금의 촉도 그리고 소위 말하는 육감도 전혀 없는 사람이었다. 그런 내가 어떤 사람을 만났을 때 그 사람과 어떤 인연으로 지낼지 미리 알게 된다거나 앞으로 내가 어떤 일들을 하게 될지도 미리 알게 되는 경우가 종종 있었다.

아주 오래전의 일인데, 가끔씩 눈을 감으면 내가 사람들 앞에 서서 어떤 강의를 하고 있는 모습이 느껴지는 것이다. 그 모습은 점점 선명해졌고 내가 어떤 종류의 옷을 입고 있는지조차 뚜렷하게 보일 정도였다.

"케오라, 이건 뭐지?"
"네가 앞으로 할 일이야. 너는 네 이름을 걸고 강의를 하게 될 거야. 그건 평생 네가 해야 하는 운명 같은 일이기도 해."

당시의 나는 정말 아무것도 할 능력이 없는 인간이었다. 그나마 전공으로 했던 컴퓨터프로그램 일도 인정받지 못하고 스트레스만 받다가 그만둬버렸고 체력도 약해서 단순하게 몸으로 할 수 있는 일 또한 엄두도 내지 못하고 있었다. 그런 무기력함에 빠진 내가 사람들 앞에서 강의를 한다고? 그건 마치 신기루 같은 망상에 불과하게 느껴졌다.

하지만 어느 날부터 호오포노포노 온라인 카페에 올린 경험담들이 많은 공감을 받게 되었고, 그 경험담들을 모아 출판하라는 제의를 받으면서 책을 쓰게 되었고, 자연스럽게 나에게 관심을 가지고 조언을 받고자 모이는 분들을 위해 강의까지 개설하게 되었다.

그 후로 케오라는 내게 일과 관련된 정보를 더 주었다. 문동규 원장님께 최면 전문가로 인증을 받았을 때 케오라는 훗날 내가 다른 이들에게 전문가 인증을 하게 될 것이라는 허무맹랑한 예언을 했다. 그런데 이후 실제로 나는 최면 트레이너가 되었고, 내가 창안한 'ICS 영적 통찰 프로세스'라는 독자적인 최면 강의를 진행하며 실제로 전문가 인증을 하게 되었다.

케오라는 부산에 살고 있는 나에게 서울에서 일하게 될 거라고 했었는데 그것 또한 현실성 없어 보이는 말이었다. 하지만 후에 부산에서 주로 일을 하셨던 문 원장님이 서울에 정식으로 센터를 확장 오픈하면서 자연스럽게 센터 소속으로 들어가게 되었고 정말 서울에서 일을 하게 되었다.

또한 서울에서 협력자들을 만나게 될 것이고 그들의 모임으로 내 인생에서 중요한 또 다른 일을 만들게 될 거라고 했었다. 10년도 넘은 이 메시지를 나는 얼마 전에야 다시 떠올리게 되면서 소름이 끼쳤다. 실제로 지금 문 원장님을 비롯한 여러 최면 트레이너 선생님들과 함께 프레즌스 인터내셔널이라는 법인을 설립하고 KMH 최면상담학회를 출범해 운영 중이기 때문이다.

심지어 초창기 정화와 소통 프로그램의 수강생이었던 어떤 선생님을 두고 케오라는 평생 함께하는 친구가 될 거라고 했었는데 그것 또한 그 당시에는 말도 안 된다고 생각했다.

'잠깐 와서 강의 듣고 가는 분과 어떻게 친구가 된다는 거지?'

하지만 참 신기하게도 현재 그분은 '한국 현대최면 마스터 스쿨'의 최면 트레이너가 되었고 직장 동료이자 나와 같은 최면상담학회 이사로서 이제는 나와 둘도 없는 친구가 되었다.

어느 날 내가 케오라에게 물었다.

"잠재의식은 어떻게 미래를 다 알고 있지?"

그에 대해 케오라는 이렇게 답했다.

"우리는 모든 시간 위에 있으니까. 너의 과거에도, 현재에도, 미래에도 지금 내가 있어. 그리고 본래 인간은 얼마든지 자신의 미래를 알 수 있어. 하지만 눈을 감고 가는 인생이 당연하다고 믿는 의식이 그 능력을 가리고 있을 뿐이야."

뿐만이 아니다. 성명학에 대한 지식이 전혀 없는 나임에도 불구하고 가끔씩 어떤 이름을 보면 그 이름에서 강한 에너지가 느껴질 때가 있다. 그리고 그렇게 이름에서 느껴진 에너지를 그분에게 이야기해드리면 대부분은 깜짝 놀라신다. 본인의 성격이나 살아온 성향을 내가 그대로 이야기하니 말이다. 사실 나는 그분들의 이름에서 나오는 에너지를 말했을 뿐인데 이미 상당한 부분에서 이름의 영향을 그대로 흡수하고 살아오신 듯했다.

또 가끔은 어떤 장소에서 특이한 에너지를 느낄 때가 있는데, 한번은 집 근처에 있는 어느 헬스장에 다닐 때였다. 8층 건물에 헬스장은 6층에 있었는데 이상하게 운동을 하러 갈 때마다 마치 물속에서 운동하는 느낌이 들곤 했다. 그것도 상쾌한 느낌의 물이 아니라 찐득하고 끈적거리는 불쾌한 느낌의 물속에 있는 것 같았다. 그리고 그 후 놀라운 사실을 하나 알게 되었다.

그 헬스장에서 운영하는 GX 수업이 있었는데 그곳에 속해 있는 회원 20명 중 무려 9명이 암에 걸렸다는 것이다. 그리고 더 소름이 끼치는 건 암에 걸린 회원들은 모두 다 수년간 이곳을 꾸준히 다녔던 분들이었다는 것이다. 그런데 참 답답한 것은 어느 누구도 이 사실을 이상하게 여기지 않고, 힘든 치료를 받으면서도 또는 완치를 겨우 하고 나서도 다시 이곳에 와서 운동을 계속하고 있다는 거였다. 그것도 그럴 것이 실제로도 헬스장은 많은 사람들로 붐비고 있었다.

그 후로 느껴보니 그 터에서 나오는 끈적끈적한 에너지가 주변에서 돈을 끌어왔고 그렇게 끌려온 돈은 찰싹 붙어서 새어나가지 않으니 당연히 돈이 되는 자리임에는 분명하나 대신 사람에게는 치명적인 에너지를 뺏을 수 있는 곳이기도 했다. 이렇게 돈을 쥐고 끌려온 사람들은 마치 한번 빠진 늪에서 빠져나갈 수 없는 것처럼 무엇에 홀린 듯 이곳에서의 집착에 스스로 발이 묶여있었다.

나는 강의를 진행하기 전에 미리 강의실을 나만의 방식으로 정화한다. 어느 날 주말에 있을 강의를 위해서 강의실을 정화하고 있었다. 그런데 그 강의실에서 이상한 모습이 느껴졌다. 많은 책상들 중에 어떤 한 곳에 까만 그림자가 앉아있는 것이다. 그 모습은 소름 끼치게 선명했고 아무리 정화해보려고 해도 사라지지 않았다.

사실 그 기수의 신청자들 중에는 난소암 말기에 있는 분이 계셨고 강의 날 나는 한눈에 그분을 알아볼 수 있었다. 그분은 이미 오랜 항암치료에 시달려서인지 몸이 바짝 말라 있었고 금방이라도 쓰러질 듯

쇠약한 모습으로 힘없이 강의실에 들어섰다. 그 순간 참 안타깝고도 소름 돋는 일이 벌어졌다. 강의실로 들어선 그분이 전체 책상을 한번 슥 훑어보시더니 곧장 정화 중에 봤던 까만 그림자가 앉아있었던 책상에 가서 앉는 것이었다. 나는 순간 그분을 다른 곳에 앉게 해야 할지 망설였다. 하지만 케오라가 조용히 말했다.

"순리를 존중해드려."

무언가를 보면 그것은 예전의 그냥 물건이 아니다. 수많은 에너지가 서려 있는 특별한 존재이다. 어떤 사람을 보면 그는 더 이상 단순한 표면적인 사람이 아니다. 수많은 사연과 잠재의식과 에너지 층이 뒤섞여있는 신비롭고 또 신비로운 존재들이다.

어느 장소 하나하나에도 다 각각의 의미가 있고 세상 모든 것들이 살아있음이 느껴진다. 의식적인 교감의 영역을 벗어나 완전히 새로운 영역으로 감각이 확장되기도 한다. 집에 있다 보면 종종 누군가의 잠재의식이 옆에 와있는 듯 메시지를 전해줄 때도 있고 또 어느 때는 누군가의 내면에서 그가 사랑하고 있는 그의 가족들이 보이기도 한다.

내가 좋아하는 한 친구가 있는데 그 친구에게서 딸과 아들의 인생이 고스란히 보였다. 그건 마치 그 친구의 잠재의식이 나에게 펼쳐주는 멋진 카탈로그 같은 느낌이었다. 그렇게 느껴지는 부분을 이야기해주면 어김없이 놀란 눈을 하고는 자기 아이들에 대해 어떻게 자기보다 더 많은 것을 알고 있느냐고 반문한다.

아주 멋진 매력을 가진 아이들이었지만 다만 딸에게서 시기하는 사람들이 느껴졌다. 특별하고 평범하지 않은 딸의 능력을 시기하는 사람들이 늘 옆에 있는 것 같았다. 그리고 그 느낌은 머지않아 딸이 초등학교에 입학하자마자 바로 확인할 수 있었다. 다행히 걱정할 필요는 없었다. 그 아이는 이미 그의 잠재의식과 함께하고 있었고 외부의 시기와 질투에 스스로를 현명하게 지킬 수 있는 능력을 갖추고 있었다.

어느 날은 집에서 운동을 하고 있는데 어떤 지인의 잠재의식이 간곡하게 부탁을 해왔다. 그 사람이 지금 인생의 큰 정화 속에서 혼란에 빠져있으니 연락을 해달라는 것이다. 연락해서 내가 무엇을 도와주면 되는지 물었더니 그저 당신이 하고 있는 그것이 옳은 거라고 격려해주고 지지해주라고만 했다. 그에게는 지금 확신이 필요하다고 말이다.

그리고 바로 전화해서 이 이야기를 전했더니 놀랍게도 그는 며칠 전부터 나에게 연락을 해서 도움을 요청하고 싶었는데 민폐가 될까봐 참고 있었다는 것이다. 그러면서 자신의 잠재의식에게 이영현 선생님에게 메시지를 전해달라고 부탁을 했단다. 그런데 이렇게 실제로 메시지를 받고 연락을 줬다며 너무나 신기하다고 하셨다.

또 어느 날은 강의 중에 한 선생님의 잠재의식이 나에게 간곡하게 이런 부탁을 해왔다.

"이 사람에게 전해주세요. 이 사람의 신체적 에너지가 이미 고갈 상태입니다. 그런데 본인은 전혀 몰라요. 그리고 너무 많은 활동을 하고 있어요. 정말 휴식이 필요합니다. 이대로 간다면 병이 생길 겁니다."

이 메시지를 그대로 전달했으나 천성이 부지런한 그 선생님은 쉽게 쉴 수가 없었다. 선생님은 그로부터 얼마 뒤 병으로 입원하게 되었다고 연락을 해오셨다.

많은 분들이 나에게 정화를 부탁하는데, 어느 날에도 그런 메일 한 통이 와있었다. 메일에는 아주 간단한 몇 줄의 사연이 담겨있었다.

"저는 27살의 여자입니다. 얼마 전 사랑하는 사람과 이별을 했어요. 정화 부탁드립니다."

나는 별로 대수롭지 않게 생각했다. 젊은 여자분이 남자친구랑 싸우고 이별한 정도로 생각했다. 그런데 어느 순간 갑자기 숨이 막히는 슬픔이 느껴졌다. 그 슬픔은 인생이 송두리째 무너지는 듯한 것이었고 나는 바로 답장을 보냈다.

"당신에게서 인생이 무너지는 슬픔이 느껴집니다. 도대체 어떤 사연이 있나요?"

그분은 바로 자세한 사연을 담아 답장을 보내주셨는데 사연은 이 랬다. 몇 달 전쯤에 돌이 막 지난 아이 아빠가 교통사고로 즉사했다고 한다. 아침에 잘 다녀오겠다고 인사하고 나간 남편이 사고로 돌아오 지 못하게 된 것이다. 그러니 당연히 억장이 무너지고 인생이 무너지 는 일일 것이다. 그런데 정작 그분은 몇 달 동안 눈물 한 방울 나오지 않았다고 한다. 수면제를 먹어도 몇 달째 잠을 못 자고 음식도 못 먹고 눈물도 나지 않고 슬픈지도 모르겠고 그냥 모든 게 그대로 멈춰버린 듯 마비 상태라고 했다.

그 사연을 읽는데 너무 마음이 아팠다. 어떤 심정일지 감히 상상도 할 수 없었다. 나는 케오라에게 저분이 다시 살아갈 수 있도록 도와달 라고 부탁했다.

다음 날 아침 그분으로부터 새로운 메일 한 통이 와있었다. 전날 밤, 침대에 누워있는데 갑자기 가슴에서 뻥 하는 듯한 소리가 느껴지더니 이내 미친 듯이 눈물이 쏟아져 나왔다고 한다. 막혀있던 슬픔과 분노 가 터져 나오면서 한참을 베개를 쥐어뜯으며 남편을 향해 울부짖었다 고 한다.

"왜 나만 두고 간 거야? 우리 아들은 어떡하라고! 나쁜 놈아. 평생 함께할 거라고 약속해놓고는 왜 나한테 이런 상처를 주는 거야! 책임져 책임지라고!"

그렇게 한참을 소리치며 울고 나니 자신도 모르게 지쳐 잠들었다고 했다. 수면제를 먹어도 잘 수 없었는데 그날 밤 처음으로 푹 잤다고. 그렇게 푹 자고 일어나니 또 몇 달 만에 처음으로 배가 고프더란다. 그리고 부엌으로 가서 주섬주섬 밥과 반찬을 챙겨 밥을 먹는데 맛있더란다. 그러면서 그분이 이렇게 적으셨다.

"선생님, 배부르게 밥을 먹고 나니 살 힘이 생기더라고요. 여전히 어이가 없지만 그래도 살아야겠다는 생각이 들더라고요. 그리고 처음으로 아이의 얼굴이 보였어요. 저 예쁜 아이를 나라도 잘 키워야겠구나… 선생님, 살게 해주셔서 감사합니다."

오히려 내가 그분께 너무나 감사했다. 다시 힘을 내주셔서 눈물 나게 감사했다. 그 밖에도 케오라와 함께하면서 겪은 신비한 경험들은 사실 밤을 새워도 다 하지 못할 정도로 넘쳐난다. 지금도 나는 신비로운 체험을 일상처럼 경험하고 있고, 앞으로도 마찬가지일 것이다.

누군가의 인생에 대해서 느껴지는 메시지를 풀어내고, 누군가의 인생에서 그들의 가족들을 풀어내고 때로는 이름에 얽힌 또 집에 얽힌 메시지를 함께 느끼기도 하고 또 그들의 과거와 미래에 대해 조언을 나눌 때면 그들은 어김없이 나에게 묻는다.

"선생님은 무속인인가요?"

텔레파시처럼 누군가의 메시지를 느끼고 연락할 때면 그들은 나에게 묻는다.

"선생님은 초능력자인가요?"

누군가의 상처를 함께 이야기할 때면 그들은 눈물을 흘리며 말한다.

"선생님은 천사인가요?"

그럴 때마다 나는 생각한다.

"아니요, 나는 그저 케오라입니다."

이건 케오라만의 특별한 능력들이 아니다. 우리의 잠재의식이 활성화되면서 누구나 체험할 수 있는 것들이다. 실제로 정화와 소통을 함께하고 있는 여러 선생님들을 통해 그들의 잠재의식이 활성화되었을 때 어떤 변화가 일어날 수 있는지를 꾸준히 확인하고 있다. 이를 통해 확인할 수 있는 분명한 사실은, 우리의 잠재의식은 우리가 알고 있는 그 이상의 신비롭고도 멋진 존재들이라는 것이다.

마지막으로 그들의 멋진 협력을 보여주는 아름다운 에피소드로 잠재의식에 대한 이야기를 마무리할까 한다.

지난해의 어느 날, 개인 사정으로 미루고 있었던 코로나 백신을 접종하기 위해 예약을 하려는 참이었다. 마침 나에게 편한 날짜가 있어 예약하려는 찰나, 내면에서 케오라가 이런 메시지를 올려줬다.

"아니, 그날 예약하지 마. 더 좋은 날이 있어. ○월 ○○일 ○○시로 예약해. 그날이 좋아."

좀 의아하기는 했지만 기왕이면 좋은 날 백신을 맞는 게 좋겠다는 생각이 들었다. 며칠 후 예약 날짜가 되어 병원에 갔는데, 내가 예약한 병원은 집 근처에 있는 규모가 꽤 큰 종합병원이었다. 그러다 보니 로비 접수대 앞에는 이런저런 이유로 병원을 찾은 많은 사람들로 붐비고 있었다. 나도 접수를 하기 위해 근처에 서 있던 중, 갑자기, 정말 갑작스럽게 슬픈 감정의 덩어리가 강하게 느껴지더니 눈물이 왈칵 올라왔다. 많은 사람들 앞이라 당황스러워서 얼른 눈물을 훔치고는 속으로 참 어이없다 생각했다.

'아무리 주사를 맞으러 왔다지만 이게 이렇게까지 슬플 일인가. 어린애도

아니고 참…'

그런데 곧 알게 되었다. 내가 느꼈던 그 슬픔은 내 안의 것이 아니었다. 나의 사연이 슬픈 것이 아니라, 마치 우리가 드라마나 영화 같은 외부의 스토리를 보고 슬픔을 느끼는 것과 같이 느껴졌다.

'그렇다면 이 강렬한 슬픔은 누구의 것이지?'

주변을 살펴보니 아주 선명하게 그 당사자가 눈에 들어왔다. 그 슬픔은 내 뒤쪽에 서 계셨던 어느 할머니의 것이었고 그분의 얼굴에서 자식을 잃은 슬픔이 느껴졌다. 꽤 추운 한겨울의 날이었는데 그분은 그리 두꺼워 보이지 않는, 해진 잠바 몇 개를 겹쳐 입으시고 목도리를 모자처럼 머리에 뒤집어쓰고는 멍한 표정으로 서 계셨다.

내가 접수를 먼저하고, 다음 그 할머니의 차례가 되었다. 나는 그 슬픔이 마치 끈끈한 접착제라도 된 것처럼 할머니 곁을 떠나지 못하고 그 근처에 머무르며 할머니를 지켜보고 있었다.

"어르신, 백신 접종하러 오셨다고요? 성함이 어떻게 되세요?"

다그치듯 질문하는 직원 앞에서 할머니는 대답했다.

"어… 저… 어… ○○○입니다…."

"백신 접종 1차 맞으시죠?"

직원의 간단한 질문에도 할머니는 당황해하며 대답했다.

"아… 어… 네…."

"3층으로 가셔서 문진표 작성하시고요. 2층으로 가셔서 의사 면담하시고요. 그리고 1층 주사실로 가셔서 주사 맞고 기다리다 가시면 됩니다. 다음 고객님!"

워낙 많은 사람들로 북적거리니 접수대 직원 입장에서는 반응이 느린 할머니가 꽤 답답했던 모양이다. 큰소리로 약간은 윽박지르듯이 접수를 해주고는 짧은 설명을 끝으로 다음 접수자를 불렀다. 무슨 말인지 하나도 못 알아들은 듯 할머니는 당황스러운 표정으로 접수대 근처를 떠나지 못하고 그대로 얼어붙은 듯 한참을 서 계셨다.

"어르신, 저랑 같은 백신 맞으러 오셨네요. 그럼 저랑 같이 다니시면 돼요."

나도 모르게 할머니 팔을 감싸고는 엘리베이터가 있는 곳으로 모시고 갔다. 할머니는 놀란 듯 나를 보시더니 이내 안도의 미소를 지으시고는 나를 따르셨다.

그렇게 3층으로 가서 할머니의 문진표를 대신 작성해서 제출하고, 의사 선생님 면담을 함께 모시고 가서 하고, 다시 주사실로 내려와서 함께 주사를 맞고 대기실에서 앉아있었다.

"어르신, 혼자 사세요?"

"네…."

"댁이 어디신데요?"

"요기 병원 앞 시장통에 있어요…."

"의사 선생님이 진통제 어떻게 먹으라고 한 거 기억나시죠? 바로 집 앞에 병원이니 혹시 많이 아프다 싶으면 참지 말고 꼭 병원 응급실 오세요. 옆에서 챙겨줄 가족이 없으니 꼭 병원에 오셔야 해요."

"네, 그럴게요…."

이런저런 얘기를 나누던 중 병원 로비에 있는 편의점에서 너무나 달콤한 군고구마 냄새가 퍼지기 시작했고 나는 본능처럼 그 냄새에 이끌려 편의점으로 들어가서 군고구마 몇 개를 사서 할머니에게 안겨 드렸다.

"어르신, 이제 가셔도 돼요. 백신 독하니까 식사 꼭 잘 챙겨 드세요. 그리고 이것도 드시고요."

그러자 할머니가 갑자기 내 두 손을 힘주어 꽉 붙잡고 두 눈에는 눈물이 그렁그렁 한 채로 이렇게 말씀하시는 거다.

"사실은요… 제가 바보 같아서 아무것도 못 해요. 주사도 혼자 맞으러 갈 자신이 없어서 지금까지 미루고 있었어요. 그래서 제가 얼마 전부터 매일매일 하나님께 기도를 드렸어요. '하나님, 제가 주사를 맞으러 가면 천사를 저에게 붙여주세요. 그래서 그 천사가 저를 도와주게 해주세요.' 매일매일 그렇게 기도했어요. 그런데… 세상에… 정말 이렇게 하나님이 진짜 천사를 붙여줄 줄은 몰랐어요. 당신은 너무나 따뜻한 천사예요."

우리는 2차 백신 맞는 날, 같은 시간 다시 만나기로 약속하고 헤어졌다.

위에서도 나왔듯이 내가 한 일은 하나도 없었다. 나는 그날 대단한 일, 힘든 일을 한 게 없었지만 할머니에게 천사가 되었다. 정말 아무것도 한 게 없었는데도 말이다. 우리의 잠재의식은 이렇게 쉽게 나를 천사로 만든다.

종교가 없는 나는 나의 방식으로 이 상황이 이해되었다. 왜 케오라가 내가 원하는 날짜가 아닌 그날, 그 시간에 꼭 주사를 맞으러 가라고 했는지…. 아마도 그 할머니의 기도를 할머니의 잠재의식이 듣고 케오라에게 부탁했나 보다. 우리 동네에 할머니의 부탁을 들어줄 잠재의식이 케오라 밖에 없었는지도 모르겠다.

ICS 정화와 소통: 영혼의 매트릭스

어느 날 문득 아주 평범한 길 위에서 우리는 천사들을 만날 수도 있다. 어느 날 문득 아주 사소한 일상 속에서 우리가 누군가에게 천사가 될 수도 있다. 우리의 잠재의식 그리고 그들의 잠재의식이 만들어내는 아름다운 흐름 위에서 말이다. 다시 한번 선명하게 느낄 수 있었다. 잠재의식들의 아름다운 협력과 의도를 말이다.

3

인생과 나의 모든 것을 이루는 거대한 매트릭스의 장

우리는 인생을 살고 있다. 더 정확히 말하자면 물질적인 차원의 인생을 살고 있다. 그리고 우리는 '나'로서 살고 있다. 그렇다면 모든 사람들이 풀고자 하는 근원적인 숙제이자 화두인 '인생'은 무엇으로 이루어져 있고 또 어떻게 만들어지고 있으며 과연 그것을 살아가는 '나는 누구인가?' 나는 이것을 이야기하고 싶다.

많은 전문가들이 저마다의 방식과 관점으로 이것에 답을 제시한다. 나 또한 나만의 방식으로 이것에 대한 답을 제시할 것이다. 여기서 나만의 방식이란 오랫동안 해왔던 '정화와 소통'으로 인한, 나와 수많은 사람들의 변화 그리고 최면상담사로서 타인의 무의식을 분석했던 수많은 사례들, 나의 잠재의식인 케오라와의 소통에서 알게 된 여러 메시지들을 바탕으로 만들어진 것이다.

결국 '나'는 '인생' 그 자체이다. '인생'의 모든 집약체가 '나'이다. 우리는 나를 인식하고 정의 내릴 때 현 상태에서 느껴지는 생각과 신념, 감정에 기반을 둔다. 화가 나면 그 화가 나라고 인식하고 우울하면 그 우울감이 나라고 인식해버린다.

그러면서 인생 또한 화가 나는 인생, 우울한 인생으로 쉽게 인식하고 정의 내려버린다. 그럴 때 우리는 인생이 아주 못마땅하게 느껴지고 나 자신이 가장 초라하게 느껴질 것이다. 결국 인생과 나는 거의 동일시된다. 인생의 색이 결국 나의 색인 것이다.

과거의 나 또한 나를 볼 때나 내 인생을 볼 때 당연히 그런 식으로 단순하게 봐왔다. 그리고 외부를 바라볼 때도 똑같이 단순한 기준으로, 그들의 포장지에 현혹되어 쉽게 그들을 상위에 올려놓거나 아니면 그들의 단점을 집요하게 물고 늘어지면서 그들을 낮춰버렸다. 물론 이 모든 것은 내 마음 안에서 이루어진 일들이다.

정화와 소통의 과정에서 어느 날부터 나와 타인을 볼 때 거대한 매트릭스가 느껴졌다. 그것은 정말 아찔할 정도로 복잡하며, 경이롭고 섬세했다. 촘촘하게 짜진 에너지 장의 실타래가 한 인간이라는 존재를 이루고 있었으며 그것은 너무나 거대하고 복잡해 보여서 어쩌면 우리 인간은 그 속에 영영 갇혀서 살 수밖에 없을지도 모른다는 막막함이 밀려왔다. 그 막막함은 내가 현실에서 느꼈던 좌절감과는 완전히 다른 스케일의 느낌이었다. 하지만 동시에 껍데기만 보면서 쉽게 취급하고 살았던 나와 타인이라는 모든 인간의 존재가 너무나 신비롭게 느껴지기도 했다.

그리고 나는 무엇에 이끌린 듯 나도 모르게 이것을 하나씩 하나씩

제1부 나와 내 인생의 본질은 매트릭스의 장이다

풀어나가고 있었다. 아마도 그것은 나의 잠재의식인 케오라의 안내였을지도 모른다. 그리고 그 작업은 아주 긴 시간에 걸쳐 완성되었으며 나로부터 시작된 것이 서서히 타인으로까지 이어졌다.

외부 세상과 외부의 나의 인생은 어떤 선택과 행동, 언어 패턴으로 만들어진다. 내가 어떤 종류의 선택을 하고 어떤 행동을 취하고 어떤 언어 패턴을 사용하느냐에 따라 주변 상황은 결정된다. 쉽게 표현하자면, 누군가가 자신의 인생을 빨간색이라고 인식하고 있다고 가정해보자. 그는 이렇게 외칠 것이다.

"내 인생은 온통 빨간색이야. 나라는 인간도 별 볼 일 없는 빨간색이라고. 이런 제기랄 결국 세상이란 게 애초에 다 빨간색이었어."

하지만 그가 온통 빨간색의 경험과 상황에 노출된 이유에는 빨간색의 선택과 행동, 언어 패턴이 존재하고 있다. 파란색의 선택을 했다면 당연히 파란색의 경험이 주어졌을 것이다. 어떤 상황에서 그가 파란색의 행동과 파란색의 언어 패턴을 사용해왔다면 그는 파란색의 인연을 만나고 파란색의 외부를 느끼게 될 것이다.

결국 이것이 수많은 자기계발서에서 언급하는 '내가 먼저 변해야 외부 세상이 변한다'는 논리이기도 하다.

여기서 나의 매트릭스는 시작된다. 나는 그 복잡한 매트릭스의 장에서 가장 먼저 드러나 보이는 실타래 하나를 어렵지 않게 뽑아서 펼쳤다. 그리고 이것은 정화라는 개념 위에서 펼쳐진 실타래이기도 했다. 정화를 시작하면서 내면을 처음으로 들여다보기 시작했고 그 속에서 가장 눈에 띄는 매트릭스의 실타래를 바로 발견할 수 있었다. 그것은 바로 '생각과 감정'이라는 매트릭스의 에너지 장이다.

결국 외부의 반응과 선택, 모든 행위에는 내면의 생각과 감정이라는 실타래가 연결되어있었다. 빨간색의 인생엔 빨간색의 선택과 행동이 있었고 또다시 그 외부적인 선택과 행동, 언어 패턴에는 내적인 빨간색의 생각과 감정이라는 에너지 매트릭스가 연결되어있었다.

한동안은 이것으로 모든 매트릭스가 풀릴지도 모른다고 들떠있었다. 알고 보면 저렇게 거대한 매트릭스도 결국은 수많은 생각들과 수많은 감정들로 다 이루어져 있다고 말이다. 그리고 실제로 이것은 상당히 신빙성 있게 보였다. 왜냐하면 내적인 감정과 생각을 변화시켰을 때 그것이 보여주는 외부의 영향력이 매우 컸기 때문이다. 이것만 잘 풀어서 변화시켜도 충분히 마음이 평화로워지고 인생도 훨씬 수월하고 안정적인 것처럼 느껴졌다.

하지만 이 실타래를 놓고 열심히 정화하던 중 그 생각과 감정 뒤로 연결된, 완전히 색다른 매트릭스 장이 풀려나왔다. 그건 바로 '과거의

제1부 나와 내 인생의 본질은 매트릭스의 장이다

기억'이라는 매트릭스 장이었다. 그것은 나에게 획기적이었다. 왜냐하면 빨간색의 생각과 감정이 반복적으로 일어나는 이유, 즉 '이 빨간색의 감정과 생각들은 어디에서 비롯된 것일까?'라는 의문에 그 실타래는 완벽하고 선명한 답을 주고 있었기 때문이다. 특히 '과거의 기억'은 유년 시절의 경험일수록 그 영향력이 더 커졌다. 보통 사람들은 자신의 성향에 큰 영향을 준 사건들로 중·고등학교 또는 사회 초년 시절의 경험들을 꼽지만 사실 꼭 그렇지만은 않다.

'과거의 기억'이라는 매트릭스를 제대로 펼쳐보니 생각보다 훨씬 어린 시절의 경험들이 큰 영향을 차지하고 있었다. 초등학교 저학년 이전 그리고 그보다 훨씬 더 어린 유년 시절의 경험들 말이다. 그리고 이것은 '최면'이라는 기술을 활용하게 되면서 타인의 경우까지 확장되었고 이는 그것의 정체를 더 선명하게 보이게 했다.

그리고 이제는 제법 이 복잡한 매트릭스를 풀어내는데 탄력이 붙는 듯했다. 이렇게 하나씩 하나씩 풀어나가는 과정이 너무나 경이롭고 신비로워서 그 재미에 빠지기 시작했다.

빨간색에 관련된 유년 시절의 특정 경험들을 정화하면서 빨간색의 생각과 감정 또한 변하기 시작했으며 그렇게 바뀐 색은 외부의 자극에도 쉽게 영향을 받지 않을 만큼 강력했다.

그리고 나는 그 매트릭스의 속을 좀 더 살펴보기 시작했고 곧이어 어렵지 않게 이 유년 시절의 매트릭스에 연결된 또 다른 실타래를 보게 되었다.

그것은 바로 '부모'라는 존재였다. 결국 '이 사람이 왜 빨간색의 유년 시절을 보낼 수밖에 없었나?' 하는 질문의 답은 빨간색의 부모에 연결되어 있다는 것이다. 빨간 인연의 부모가 빨간색의 양육 태도로 아이를 대하고 빨간색의 언어로 아이에게 신념을 만들어주고 빨간색의 행동으로 빨간색의 경험을 하게 만들고 있었던 것이다.

그리고 이 광범위한 영향력은 너무나 절대적이어서 결국 아이들은 자신의 인생을 스스로 빨간색이라고 정의 내리고 나중에는 기꺼이 자신의 손으로 빨간색의 물감만 사용하려고 한다.

이 실타래는 '과거의 기억'보다 훨씬 깊은 곳에 존재하고 있어서 대부분은 자신이 부모가 제시한 색으로 살아가고 있다는 것을 인식하지 못하고 있다. 나는 엄연히 부모와 다르고 성인이 되었기 때문에 부모의 영향력으로부터 완전히 벗어나 있다고 착각한다. 하지만 그렇지 않다. 그들은 여전히 유년 시절의 그 어느 때, 부모를 통해 받은 자극을 그대로 상기하고 반복하면서 살아가고 있다. 그것은 정말 은은하게 스며들어 있으며 본능적으로 영향을 주고 있다. 우리는 결국 대부분 진짜 어른이 되지 못한 채로 살아가고 있는 것이다.

그 무렵 너무나 입체적으로 사람들이 보이기 시작했다. 그들의 얼굴에 생각과 감정의 에너지가 묻어있고, 그 뒤로 그들의 유년 시절이 연결되어 있고 또다시 그 뒤로 그들의 부모가 연결되어 있다. 마치 3차원의 매트릭스 장이 형성되어 있는 것처럼 말이다.

이쯤에서 나를, 초능력이 있는 사람이라고 생각하는 이가 있을지 모른다. 이 사람 앞에 서면 마치 엑스레이에 찍히듯이 자신의 과거와 부모가 다 보이는 건가 생각할지도 모르겠다. 하지만 결코 오해가 없기를 바란다. 그런 타인의 선명한 작업들은 '최면'이라는, 더 정확하게는 '최면분석'이라는 기술로 들여다볼 수 있었다. 그저 나는 사람들에게서 예전 같은 표면의 단순한 모습이 아니라 복잡하게 얽힌 에너지 장이 느껴지는 정도이다.

하지만 누군가와 이야기를 나눠본다면 구체적이진 않지만 대략 어떤 색의 어떤 종류의 에너지 장이 얽혀 있는지는 감이 왔다. 그것은 아마도 특별한 능력이라기보다는 오랜 경험에 의한 노하우에 가까울 것이다.

이제 새로운 영역의 매트릭스의 실타래가 우리를 기다리고 있다. '부모'로서 사실상 이 실타래가 끝난 줄 알았지만 아니었다. 훨씬 심오하고 깊은 영역에 더 원초적이고 근원적인 에너지 장이 존재하고 있었다. 물질적인 차원을 벗어나 신비로운 미지의 영역에 존재하는 그것은 바로 '전생'이라는 에너지 장이다.

  왜 빨간색의 부모와 인연이 되었는가에 대한 의문에 마치 대답이라도 하듯 심연의 바다에 잠겨있던 윤회의 끈이 수면 위로 올라왔다. 수많은 인생을 반복하며 만들어진, 수많은 사연들과 미련들이 빨간색이라는 자원으로 형성되면서 이 생의 첫 시작인 부모와의 인연으로 연결되었다. 빨간색의 부모를 만난 것은 결코 신의 장난도 아니고 우연한 일도 아니란 것이다. 명백하게 빨간색 윤회의 끈이 이 생에 연결되어 있다. '왜 내 인생이 결국 빨간색이어야 했나?'라는 것의 정말 원초적이고 근원적인 진짜 답을 우리는 여기서 확인할 수 있게 된다.

  얼핏 보면 이제 정말로 매트릭스의 끝까지 다 온 것처럼 보일 것이다. 하지만 생각지도 못한 경이로운 영향력이 새로운 빛으로 이 실타래에 엮여있다. 그것은 바로 우리의 잠재의식, 영혼이 이 생을 계획하면서 가진 목적이다. 여러 윤회에서 만들어진 큰 짐을 짊어지고 우리의 영혼은 깊은 고민에 빠졌을 것이다. 이 빨간색의 자원들을 이 생에서 어떻게 풀어낼 것인가. 그것에 대한 고민이 마침내 한 생의 목적이 된다. 그리고 이는 아주 특별한 빛을 발하며 이 매트릭스의 장에 신비롭게 스며들어 있다.

  그리고 여기에 또 하나의 특이한 차원의 에너지 장이 존재한다. 그것은 바로 미래라는 에너지 장이다. 우리의 의식이 인식하는 시간의 흐름은 과거에서 현재로 그리고 미래로 흐른다.

　그렇게 단순하게 인식하면서 마치 과거의 시간은 의미 없이 소멸되었고 미래라는 시간은 아직 존재하지 않는다고 믿는다. 하지만 내가 매트릭스 장에서 확인한 것은 달랐다.

　과거의 시간은 소멸되지 않는다. 우리가 나서서 스스로 그것을 정리하지 않는 한 과거의 시간은 늘 현재와 중첩되어 살아있다. 또한, 과거와 현재가 중첩된 공간에 놀랍게도 미래가 겹쳐져 있다. 이미 빨간색의 과거와 빨간색의 현재가 존재하는 순간 그 공간에 동시에 빨간색의 미래도 존재하고 있다는 것이다. 그리고 빨간색의 미래가 또다시 역으로 빨간색의 현재를 더욱 빨갛게 빨간색의 과거를 더욱 빨갛게 물들인다. 이것이야말로 최악의 악순환이다. 우리는 그 속에서 수천 년을 빨간색으로 살아왔다.

4

그 거대한 매트릭스 속으로의 여행

앞서 마인드 모델 설명에서 나왔던 심층의식(무의식)을 기억할 것이다. 내가 느낀 매트릭스 장에서 '생각과 감정', '과거의 기억' 그리고 '부모'는 주로 이 심층의식의 영역에 존재한다. 결국 이 부분들을 들여다보고 분석하는 것은 심층의식을 정화하는 것이다.

그리고 이는 현재의 어떤 물질적 상황에 가장 직접적이고 밀접하게 관련된 것들이기도 하다. 그것만으로도 상당한 실질적 영향력을 가지고 있는 매트릭스 장이다.

그리고 그 아래의 매트릭스 '전생', '영혼의 목적', '미래'의 에너지 장들은 심층의식을 벗어나서 좀 더 확장된 공간에 걸쳐져 있다. 이는 마치 잠재의식만이 넘나들 수 있는 미지의 영역의 문이 열리고 다른 차원의 자원들이 그 모습을 드러내는 것과 같다.

그리고 이 두 종류의 매트릭스 영역의 에너지 장은 각각 미묘하게 다른 방식으로 접근이 가능하며 그것을 다루는 방법도 다르다. 이 부분은 아래 장들에서 다시 상세하게 다룰 것이다.

또한 사람들마다 각각의 매트릭스 장의 구조 및 밀도들이 다 다르다. 어떤 사람들은 정말 빈틈없이 촘촘하게 매트릭스가 짜여있고 또 어떤 사람들은 듬성듬성하게 짜여있다. 더 정확하게 말하면 어떤 사람들의 매트릭스 장은 빈 공간이 많게 느껴진다. 분명한 건 그 틈이 촘촘할수록 인생은 복잡해지고 의식은 피로하며 그곳에서 풍겨오는 에너지도 아주 답답하다. 반면 빈 공간이 많을수록 인생은 수월해지고 그 공간을 통해 초월적이고 영감적인 에너지가 부드럽게 넘나들며 인생을 고요하게 이끈다는 것이다.

결국 매트릭스 장이 아주 복잡하다는 것은 수많은 사연들이 얽혀있다는 거고 내가 풀어야 할 실타래가 많다는 것이다. 하지만 미리 좌절할 필요는 없다. 정말 이 생에서는 영원히 풀 수 없을 것 같았던 복잡한 매트릭스도 그중에서 가장 중요하고 굵직한 핵심의 한 줄을 딱 잡는 순간, 그 주변의 수많은 매트릭스의 장들이 함께 흔들리며 풀어져 나갈 수 있다. 그리고 그 중요한 핵심의 한 줄은 우리의 잠재의식이 기꺼이 우리의 손에 쥐여줄 것이다. 우리가 그것을 풀고자 할 때 말이다.

처음에 나는 매트릭스 장의 깊은 곳에 닿을수록 더 강력한 영향력이 있을 거로 생각했었다. 예를 들어 '생각과 감정'보다는 '과거의 기억'이 또 그것보다는 그 아래에 있는 '부모' 그리고 또 그것보다는 그 아래에 있는 '전생' 등이 인생에 더 막강한 영향력을 미칠 거라고 말이다.

하지만 시간이 지나면서 알게 된 것은 그 영향력이 사람들마다 다 다르다는 것이다. 어떤 이는 '생각과 감정'이라는 매트릭스 장에 에너지가 쏠려있는 경우가 있다. 이런 경우엔 평소 '생각과 감정'만 잘 인식하고 정화해도 큰 변화를 일으킬 수 있다. 이 부분을 잘 다룰 수 있을 때 그것과 연결된 겹겹의 매트릭스 차원들이 함께 변화를 일으킨다.

또 어떤 이는 '부모'라는 부분을 내면에서 잘 정화하고 이 에너지로부터 해방될 때 인생의 큰 변화를 일으키기도 한다. 또 다른 어떤 이는 '전생'이라는 윤회의 끈을 분리함으로써 비로소 인생의 굵직한 변화가 시작되기도 한다.

단순히 인생을 변화시키고자 한다면 모든 매트릭스 장을 분석할 필요는 없다. 하지만 내 핵심 매트릭스를 찾아야 할 필요는 있다. 그리고 그것은 하나씩 실천해볼 때 스스로 알 수 있을 것이다. 그리고 의식적인 인식을 하지 않더라도 매트릭스의 장에 공감하고 스스로를 바라볼 때 당신의 잠재의식은 알아서 협조해줄 것이다.

하지만 나의 목적은 좀 다르다. 인생을 연구하는 사람이라는 표현이 어울릴 것 같다. 그래서 나는 눈에 보이는 변화와 상관없이 여전히 나를 더욱더 깊이 들여다보고 있으며, 여전히 타인의 인생을 깊이 있게 탐구하고 있다.

이제 본격적으로 이 긴 여행을 시작하려고 한다. 복잡하고 심각한 표정을 지으며 여행을 시작할 필요는 없다. 나는 아주 단순하게 하나씩 하나씩 실타래를 풀어낼 것이다. 그리고 마침내 우리는 그 거대한 매트릭스 장 위에서 아이러니하게도 가장 가벼워질 것이다.

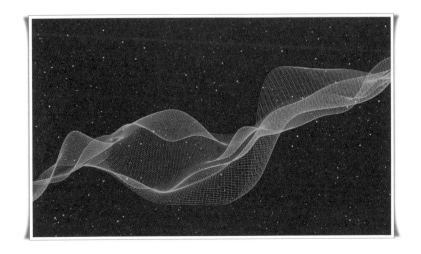

제2부

물질의 세계
(의식적 인식의 세계)

이곳에서 다루게 될 매트릭스 에너지들은 물질에서 만들어진 것들이다. 그리고 이것들은 의식적인 영역 속에 늘 존재해왔고 절대적인 영향력을 행사하며 외부의 물질 세상을 좌지우지해왔다. 다만 망각이라는 트릭 속에서 마치 존재감이 사라진 듯한 착각을 일으키고 있었을 뿐이다.

이곳의 실타래를 푸는 데 있어서 주체적인 안내자는 우리의 의식적인 통찰이다. 다시 말해 현재의식이 조금만 자신의 내면을 들여다보고 스스로 관찰하다 보면 쉽게 닿을 수 있는 영역이기도 하다. 그리고 이곳은 정화에 해당하는 영역이다.

나는 'ICS 정화와 소통'에서 늘 심층의식(무의식)을 정화하라고 하는데 여기서 말하는 심층의식의 자원들이 바로 이 영역에 있는 '생각과 감정', '과거의 기억', '부모' 등이다. 주로 지금 직면해있는 이 생의 실질적인 자원들이기도 해서 현실에 미치는 영향력 또한 아주 크다.

1

매트릭스의 시작 : 생각과 감정

◆ 인생은 착각과 오해의 연속 - 진실로 향하는 첫걸음

우리가 보고 있는 그것은 과연 진실일까? 우리는 진짜 세상을 보고 있는 걸까? 그리고 우리의 모든 행동은 세상을 향해, 그를 향해 얼마나 정당하고 공정한 걸까? 케오라는 종종 이렇게 말한다.

"인생은 착각과 오해의 연속이야. 그러니 얼마나 허무한가…"

더 정확히 표현하자면 생각과 감정 속에서 살아가는 인생은 착각과 오해의 연속이라는 거다. 우리는 매일, 매 순간 어떤 생각과 감정 속에 존재하고 있다. 그 속에 있다는 것 또한 인식하지 못한 채 우리는 그것을 진실이라고 믿고 있다.

이는 마치 색안경을 쓰고 세상을 보는 것과 같다. 빨간 색안경을 쓰고 세상을 보면서 하늘도 빨갛고 사람도 빨갛고 산도 빨갛다고 느낀다. 중요한 것은 자신이 색안경을 쓰고 있다는 것을 전혀 알지 못하고 빨간색의 세상이 진실이라고 말한다는 거다. 아주 당당하게 말이다.

하지만 사람들은 각각 다른 색안경을 쓰고 세상을 본다. 그리고 분명 빨간 것을 두고 파랗다고 말하는 저 사람은 명백하게 틀린 것이라고 말한다. 하지만 우기려고 하니 자신이 없다. 그 사람도 파란 세상을 강력하게 사실이라고 주장할 것이므로…. 참으로 어리석고 고집스러운 저 사람 때문에 속에서는 억울하고 분노가 올라온다. 내가 보는 빨간색이 명백하게 옳은데 말이다.

더욱 재밌는 것은 다음날 일어난다. 분명 어제는 빨간색의 색안경을 썼었는데 오늘 나는 초록색의 안경을 쓰고 있다. 왜인지는 모른다. 아니 안경을 썼는지조차 모르니 누가 그 안경을 바꿔 쓰게 한 것인지 알 턱이 없다. 그러니 그것에 대해 당연히 고민한 적도 없다. 그리고는 '아, 세상은 초록빛이구나. 나도 초록, 세상도 초록, 사람도 초록이구나!' 하고 다시 뻔뻔하게 말한다.

그러다가 어제 파란색을 주장하던 사람을 다시 만나게 되었다. 웬일인지 그 사람은 파란색 안경을 벗고 빨간색 안경을 쓰고 있다. 그러면서 세상은 빨간색이라고, 그게 사실이라고 말한다. 나는 저 고집스러운 사람을 당할 수 없고 저 사람은 여전히 어리석어서 세상을 잘못 보고 있다. 분명 초록색인데 빨간색이라니. 그러면서 다시 분노와 억울함이 올라온다. 초록색이 진실이므로….

참으로 이상한 나라의 사람들 같지만 전혀 아니다. 늘 반복하고 있

ICS 정화와 소통: 영혼의 매트릭스

는 우리의 일상적인 모습이다. 정말 이상한 것은 '왜 내가 이 생각을 하고 있는 건가?', '왜 내가 이 감정을 느끼고 있는 건가?'를 스스로에게 묻지 않는다는 것이다.

이 장에서 다루는 '생각과 감정'은 어쩌면 모든 매트릭스의 장들 중에서 가장 시시하고 재미없게 느껴질지도 모른다. 여느 자기계발서에서 아주 흔하게 볼 수 있는 식상한 이야기들, 수많은 전문가들이 늘 말하는 생각, 감정 다루기…. 하지만 스스로 잘 생각해보기 바란다. 그런 식상한 이야기들을 듣고 알고는 있지만 정작 진짜 이해하고 체화한 적이 제대로 있었는지 말이다.

'생각과 감정'이라는 흔하디흔하고 재미없는 이 식상한 이야기를 진짜 제대로 이해하고 내 안에 소화시켜냈을 때, 그래서 아주 간단하고 기본적인 그 실천법을 정말 제대로 행하고 그 효과를 누려봤을 때 비로소 이것의 진가를 알게 될 것이다.

나는 수년간 정화와 소통 프로그램을 운영하면서 이 부분에 대단한 정보들을 지닌 사람들을 많이 만나왔다. 나는 그들에게 별반 다를 게 없는 이야기를 반복하면서 대신 그것을 하나하나 체화할 수 있도록 안내했고 그 결과는 본인들이 놀랄 정도로 대단한 것들이었다.

또한 나의 프로그램에는 한 가지 특이한 현상이 있는데, 재수강자가 늘 많다는 것이다. 강의 일정이 공지되자마자 실시간으로 재수강 자리가 마감되는 일이 일반적이다. 이번에도 3번의 도전 끝에 재수강 자리를 얻었다며 굉장히 환호하는 분이 계셨는데 함께 웃으면서도 자리 제한을 둘 수밖에 없는 현실적인 한계가 참 죄송스러웠다.

정작 아주 기본적이고 간단한 것을 이야기할 뿐인데 늘 이렇게 재수강자가 많다는 것은, 그것을 실제로 체화하는 데 있어 깊은 이해와 성실한 연습이 필요하다는 증거이기도 하다.

사실 매트릭스의 깊은 부분으로 넘어갈수록 더욱 재밌고 흥미진진하며 신비로운 이야기가 펼쳐질 것이다. 하지만 분명한 건 이 모든 여행에 있어 '생각과 감정'이라는 첫 문을 먼저 제대로 열어야 그다음 여행이 가능할 수 있다는 거다.

우리는 이렇게 매 순간 생각과 감정이라는 색안경 속에서 무언가를 보고 판단하고 선택한다. 그리고 그 속에는 내 생각이 옳고 내 감정이 정당하다는 힘이 깔려 있고 이 당연함이 내 인생을 만들어내고 있다. 결국 감정과 생각은 내 인생을 이루는 주재료인 셈이다.

내가 가장 빈번하게 하는 생각의 패턴, 감정들, 내가 명백하게 믿고 있는 신념들은 그대로 외부적인 나의 행동, 선택, 언어 패턴으로 연결되고 다시 그것들은 내 인생을 구성하는 인연, 상황, 경험 등을 만들어낸다. 여러 매트릭스의 장 중에서 외부 세상에 가장 가까운 매트릭스이기 때문에 그만큼 미치는 영향력도 아주 직접적이다.

당장 내가 어떤 생각과 감정을 느끼고 있는지만 알아차릴 수 있다면 그래서 그것으로부터 분리되고 다른 생각과 감정으로 환기시킬 수만 있다면 그 순간 내 인생과 내 외부 세상은 바로 극적으로 변화될 수 있다. 순식간에 '불만족'이었던 눈앞의 세상이 '감사'로 바뀔 수 있다. 불가능할 것 같은가? 의식적 초점을 달리하고 마음의 환기를 직접 경험해본 사람이라면 그것의 극적인 효과를 분명히 잘 알 것이다.

다시 말해 '생각과 감정'을 어느 정도 조절할 수 있는 힘만 갖춰도 인생은 엄청나게 수월하고 가벼워질 수 있다.

인생에 객관적인 불행은 없다. 모든 게 내가 느끼는 만큼 결정된다. 내 생각이 '최악이야!'라고 말하면 나는 명백하게 불행해지는 것이고, '그 정도야 뭐!'라고 말한다면 나는 안심하게 된다. 참 아이러니한 일이다. 내 인생 속에서 나는 과연 얼마나 주체적인 자리에 있는 걸까?

생각과 감정을 완벽하게 다룰 수 있는 사람은 극히 드물다. 그냥 자동적으로 올라와서 나를 지배해버린다. 그것을 알아차리지 못하면 우리는 그 집요한 자동 시스템 속에 평생 갇히게 된다. 자신이 쓴 색안경을 믿고 사는 꼭두각시로 말이다.

◆ 고요한 자리에서 만난 진짜 세상 - 그들의 이야기

'ICS 정화와 소통' 프로그램에서 가장 중요하게 다루는 부분이 '생각과 감정'이다. 이것으로부터 분리되어 고요한 자리에 이르게 될 때, 비로소 진실이 보이기 시작한다.

정화와 소통을 꾸준히 해오는 분들에게서 가장 많이 듣는 피드백이 있다. 그것은 이제야 눈을 떴다는 거다. 눈을 뜨고 보니 자신이 그동안 눈을 감고 있었다는 것을 알게 됐다고들 한다. 시야를 막고 있던 두터운 생각과 감정이 걷히고 나니 당연히 감았던 눈을 뜬 것처럼 느껴질 것이다.

"선생님, 눈을 뜨고 세상을 본다는 게 이런 건지 몰랐어요. 그동안 나에게 세상은 늘 불안하고 위태로운 곳이었거든요. 그런데 눈을 뜨고 보니 생각보다 세상은 안전하고 아름다운 곳이라는 걸 처음으로 알게 되었습니다."

"저는 제가 세상에서 가장 초라하고 못난 인간이라고 생각하며 살아왔어요. 그게 사실이라고 믿어왔어요. 그런데 이제는 아닙니다. 나도 내 잠재의식의 사랑을 받고 있는 너무나 소중한 사람이란 걸 알게 됐어요. 처음으로 제가 사랑스럽게 보였어요."

생각과 감정에서 벗어나기 시작한 분들이 가장 빈번하게 하는 표현들이다. 인생과 나를 제대로 보기 시작할 때 진짜가 시작된다. 생각과 감정이 만들어내는 반복적인 시스템에서 벗어나 나를 보기 시작하고 내 인생의 진짜 가치를 느끼기 시작한다. 그리고 그것을 사실로 인식할 때 진짜 변화는 일어나기 시작한다.

아이러니하게도 생각과 감정은 우리 인생을 만드는 멋지고 소중한 재료이기도 하다. 인간의 건강한 뇌는 어떤 상황에서 그것에 맞는 생각을 자연스럽게 하고 어떤 상황에서 그것에 어울리는 감정을 자연스럽게 느끼도록 되어있다. 생각과 감정을 정화한다는 것은 그것을 아예 없애고 산다는 것이 아니다. 생각과 감정이 아예 없는 인간은 분명 뇌에 큰 문제가 생긴 상태일 것이다.

여기서 중요하게 알아야 할 것은 생각과 감정이 잘못된 것이 아니라, 그것을 인식하지 못하고 살아왔다는 것이다. 재료를 만드는 주체가 '나'가 아니라, 기계에 설정된 자동 프로그램에만 의존하고 있었다는 게 가장 큰 문제였던 거다.

생각과 감정을 정화한다는 것은 그 속에서 빠져나와 그 재료를 인식하면서 활용하는 자리에 설 수 있다는 것을 말한다. 그리고 그 자리는 고요함의 자리이다. 생각과 감정으로 분리되는 순간 우리는 고요한 공간으로 빠져나온다. 그리고 그 생각을 지켜보고 그 감정을 지켜보는 자리에 서게 된다.

또한 그곳은 잠재의식이 함께하는 영감적인 공간이기도 하다. 우리가 생각과 감정 속에 빠져 있는 동안에는 결코 잠재의식이 보내는 영감적인 신호를 알아차릴 수가 없다. 생각과 감정의 간섭을 받지 않는 자리에 서게 될 때 비로소 나의 영혼이 보내는 위로와 격려, 소중한 메시지들을 느낄 수 있게 된다.

똑같은 생각과 감정도 어떤 상황에서 나오느냐에 따라 인생에 미치는 영향이 천차만별이다. 중요한 일 앞에서 일어나는 두려움은 긴장감으로 이어져서 그 일을 완전히 망쳐놓을 수 있지만, 위기의 상황에서 일어나는 두려움은 위험으로부터 내 몸을 보호할 수도 있다.

시도 때도 없이 나오는 주체할 수 없는 화는 인간관계의 단절이나 골치 아픈 사건을 만들어내지만 어느 상황에서 나오는 적당한 화는 그 일을 신속하게 마무리하는 데 도움을 줄 수도 있다. 내 욕심이 좌절되어 흘리는 눈물은 나의 결핍을 부추기지만 타인의 상처에 공감하며 함께 흘리는 눈물은 세상을 아름답게 만들기도 한다.

무분별하게 돌아가던 생각과 감정은 내 인생을 암울하게 만들지만 그것을 관리하는 주체자가 생기게 되면 자연스러운 생각과 자연스러운 감정들이 인생을 더욱 유리하고 풍성하게 만들어내게 된다. 우리가 고요한 자리에 있을 때 잠재의식은 나를 위해, 가장 유리하게 생각과 감정을 활용하기 시작한다.

그리고 때로는 생각의 전환 하나가 엄청난 변화로 이어지기도 한다. 보통 감정과 생각은 함께 엉켜있는 경우가 대부분이다. 이럴 때 나는 감정 너머에 있는 생각을 먼저 다루라고 한다. 생각의 전환이 일어나면 이와 함께 그 생각에 세트로 붙어있던 감정까지도 한순간에 사라질 수 있기 때문이다.

반대로 감정을 다루면서 생각을 바꾸는 것은 이것보다 더 어렵다. 감정 자체는 끈적거리는 접착제 같은 모습을 하고 있기 때문에 그것으로부터 온전히 분리되는 게 쉽지 않다.

하지만 생각의 주변을 조금만 고요하게 보면 금방 공간들이 꽤 있다는 것을 알 수 있다. 그 공간에서 생각을 스스로 이렇게 저렇게 뒤집어보는 것이다.

그리고 고질적인 생각의 신념 하나를 뒤집을 때마다 인생의 큰 패턴이 함께 뒤집힌다고 해도 과언이 아니다. 나는 정화를 하면서 나의 수많은 생각들을 보고 뒤집었다. 그 생각들을 보기 전에는 그것들이 완벽한 사실이었고 '나' 그 자체였다.

그렇게 보기 시작한 수많은 생각들은 참 비논리적이고 이상한 것들이었다. 나는 왜 무슨 근거로 그것이 사실이고 그것만이 옳고 그것만이 중요하다고 믿고 살아온 걸까?

그리고 그것을 빈 공간 속에서 이렇게 저렇게 움직이며 변화시켰을 때 나의 고질적인 성향과 성격도 변화가 일어나기 시작했다. 물론 그 과정 중에 그 생각들에서 비롯된 감정들 또한 저절로 덩치가 줄어들었다.

예를 들어, 나는 급한 성격이었고 가만히 있으면 늘 불안하고 초조했다. 체력이 약해서 무기력하게 있어야 할 때도 끊임없이 마음으로 채찍질하면서 자책했다.

"세상 사람들은 저렇게 바쁘게 움직이는데 나만 바보처럼 멈춰 있잖아. 빨리 뭐라도 해야 해."

불안과 초조한 감정 뒤에는 이런 생각의 신념이 존재하고 있었다.

"빨리빨리 많은 것을 해야 인생은 성공할 수 있어. 아니면 망하고 말 거야."

그 생각을 놓고 나는 진지하게 설득했다.

"아니야. 성공한 인생이란 건 빨리 많은 걸 하는 게 아니야. 정말 내가 좋아하는 것을 여유 있게 후회 없이 누릴 수 있는 게 성공이지 않을까?"

마침내 그 생각은 자신의 고집을 내려놓았고 그 순간 불안함과 초조함은 사라졌다. 그리고 더 이상 나는 급하게 서두를 이유가 없었고 누구보다 느긋한 성격이 되었다.

스스로에 대한 내면의 기준이 까다로운 사람들이 많다. 결국 이 기준이라는 것 또한 내가 옳다고 믿고 있는 생각의 신념이다.

언젠가 상담으로 만난 어떤 분도 그랬다. 옳고 그름, 바르게 살아야 한다는 기준이 아주 강했고 강박적으로 자신을 그 기준에 맞추기 위해 노력하면서 살고 있었다. 그리고 그 생각 옆에는 늘 그것을 제대로 만족시키지 못했다는 죄책감과 자책이라는 감정이 함께했다. 나는 그에게 그 생각을 객관적으로 보라고 말한 후 이렇게 조언했다.

"선생님, 그 생각은 '나'가 아닙니다. 특정 생각으로 나를 정의 내릴 필요는 없답니다. 하나의 기준으로 나를 보지 마세요. 나라는 존재를 그 틀에 가두지 말고 자유롭게 두세요. 그럴 때 우리는 가장 자연스러운 나로 늘 존재할 겁니다. 오늘의 나는 약속을 잘 지키는 나이고 내일의 나는 내 몸을 돌보느라 약속을 어길 수 있는 나일 수도 있습니다. 그걸 받아들이세요. 지금의 나는 이만큼의 나이고, 또 다른 때의 나는 또 그만큼의 나일 겁니다. 그게 매 순간 완벽하고 온전한 나의 모습입니다."

그리고 일주일 후, 평소라면 일찌감치 도착해서 상담을 준비하고 있었을 그 선생님이 그날은 상담 시작 직전에 도착하셨다. 그리곤 웃으면서 이렇게 말하는 것이다.

"선생님, 오늘 조금 늦게 출발하게 되었는데 거기에 지하철까지 놓쳤지 뭐예요? 처음엔 상담 시간에 절대 늦으면 안 된다는 조바심과 이 상황에 대한 실망이 올라오는 거예요. 그런데 바로 그런 제 생각을 향해 이렇게 이야기해 줬어요. '약속을 잘 지키는 내가 있으면 때로는 못 지키는 나도 있어. 오늘은 시간을 못 지키는 내가 돼도 괜찮아. 나는 오늘 딱 그만한 사람이야. 그걸로 됐어.' 그러자 마음이 너무 편해졌어요. 그리고 그렇게 맘 편히 여유 있게 왔는데도 결국은 시간에 맞춰서 와졌네요. 이제는 저 자신을 엄격하게 몰아붙이지 않을 겁니다."

어느 날 어떤 선생님이 이렇게 하소연하셨다.

"직장에서 저는 정말 열심히 일하고 있어요. 그런데 가까운 동료는 늘 이 핑계, 저 핑계 대면서 힘든 일은 하지 않으려고 해요. 덕분에 그 사람의 일까지 내가 다 하고 있답니다. 저는 공평함을 중요하게 여기는 사람이에요. 그런데 이건 정말 불공평합니다!"

많은 사회인이 흔히 경험하고 있는 갈등일 것이다. 그래서 나는 이렇게 말해주었다.

"선생님, 그 생각에서 잠시 벗어나 이렇게 상상해볼까요? 만약에 일과 관련된 부분을 담을 수 있는 실력의 그릇을 만든다면 나와 그 동료의 그릇은 어떻게 다를까요?"

"음… 솔직히 제가 일이나 실력 면에서는 월등히 뛰어납니다. 그러니 훨씬 크겠지요."

"그럼 선생님 그릇은 대접, 그 동료의 그릇은 간장 종지라고 해봅시다. 엄연히 그릇의 크기가 다른데 똑같은 양의 음식을 담는다고 생각해보세요. 이게 공평한 걸까요? 큰 그릇에 많은 음식이 담기고 작은 그릇에 적은 양의 음식이 담기는 것이 공평한 겁니다. 그리고 결국 내 그릇에 담긴 만큼이 내 것이 되겠죠."

그 후 그분은 직장에서도 일에 대한 스트레스가 사라졌다고 한다. 이처럼 생각과 감정 속에서 벗어나면 생각을 뒤집을 공간이 생긴다. 그리고 완전히 다른 사실이 보이게 된다.

나는 사람들에게 감정과 싸우지 말고 친해지라고 말한다. 영성적인 수행을 하는 많은 사람들 중에는 여전히 감정을 없애고 억압하려고 하는 이들이 있다. 하지만 그것은 의미 없는 싸움이다. 우리는 결코 그 싸움에서 그들을 이길 수 없다. 아니 잠시 잠깐 눌러놓고 고요한 것 같은 방에 머물 수는 있지만 그것은 적절한 타이밍을 노리다가 어느 순간 더욱 격렬한 모습으로 터져 나올 것이다.

모든 세상 만물은 똑같다. 자신에게 반문해보기 바란다. 만약 누군가가 나를 노골적으로 싫어하고 호시탐탐 나를 없애려고 기회를 노린다면 어떨까? 그리고 이렇게 상상해봐도 좋다. 어떤 엄마에게 자식들이 여러 명 있다. 기쁨이, 슬픔이 등등. 그런데 이 엄마는 기쁨이만 좋아한다. 기쁨이한테만 좋은 말을 해주고 늘 안아주며 사랑한다고 말해준다. 반면 슬픔이는 늘 구박한다. 너 때문에 내 인생이 힘들다며 버리고 싶다고 협박한다.

그럴 때 사랑을 듬뿍 받은 기쁨이라는 아이는 엄마에게 집착하지 않는다. 자신은 어떤 상황에서도 엄마가 버리지 않을 거라는 확신이 있으므로 담담하게 자신의 공간에서 여유 있게 즐길 것이다.

하지만 슬픔이의 처지는 다르다. 아차 하면 엄마한테 버림을 받을 수 있다는 생각에 호시탐탐 엄마의 시선 안에 있으려고 노력하고 엄마의 치맛자락을 붙잡고 늘어질 것이다. 버림받고 싶지 않으므로 악착같이 붙어있으려고 할 것이다. 슬픔이는 존중받고 싶고 사랑받고 싶어서 자신을 드러내지만 엄마의 눈에 슬픔이는 그저 미운 존재 그 자체로밖에 안 보인다. 그러니 슬픔이는 이 상황이 얼마나 억울하고 원망스러울까?

결국 감정도 똑같다. 싫다고 말할수록 더 집요하게 달라붙는다. 이는 나를 괴롭히려는 것이 아니다. 나에게 버림받고 싶지 않아서다. 우리의 마음과 똑같이 말이다.

사실은 불안함 자체가 내 인생을 불행으로 몰아가는 게 아니다. 그 불안함과 싸우면서 일어나는 부정적인 에너지가 나를 괴롭게 만드는 것이다. 불안함, 있을 수 있다. 다만 그냥 불안함일 뿐이다. 오늘은 불안함이 나왔고 내일은 또 안정이 나올 수도 있다. 모두 나의 감정들일 뿐이다. 그리고 나는 건강한 뇌를 가졌기에 자연스러운 감정들을 느낄 뿐이다.

하지만 그것과 갈등하면서 없애려고 노력하고 심각한 문제가 생긴 것처럼 오버하면서, 그 감정의 접착제는 더욱 강력해진다. 결국 그 끈 끈이 같은 접착제 속에 깊게 고착되면서 불행이라는 새로운 감정에 갇히게 된다. 슬퍼서 불행하고 우울해서 불행하고 억울해서 불행하고 화가 나서 불행하다. 나와 친해진 감정은 결코 내 인생을 해치지 않는다. 나와 적이 된 감정만이 내 인생을 해칠 것이다.

어느 날 정화와 소통 프로그램에 참가하신 어떤 선생님이 이런 고민을 말씀하셨다. 전기 코드를 꽂을 때마다 폭발할 것 같은 두려움이 느껴져서 늘 힘들다는 것이다. 그에게 이렇게 말해주었다.

"전기 코드를 꽂을 때마다 그냥 머릿속에서 시원하게 폭발시켜버리세요. 두려움을 없애려고 하지 마세요. 그냥 걔가 하고 싶은 대로 시원하게 해주세요. 어차피 감정은 마음속의 감정일 뿐이잖아요."

그로부터 일주일 후 그분은 웃으면서, 이상하게 그 후로 편하게 전기 코드를 꽂게 되었다고 말했다.

생각과 감정을 다루는 데 있어 가장 중요한 핵심은 '분리'와 '존중'이다. 생각과 감정 속에서는 결코 그것을 정화할 수 없다. 그래서 분리는 필수다. 그리고 분리는 관찰에서 일어날 수 있다. 우리가 그것을 관찰하지 못하면 결코 분리 또한 일어나지 않는다. 먼저 일상에서 늘 마음을 관찰하는 연습을 해야 한다. 내 마음의 상태를 실시간으로 인식하고 파악할 수 있어야 한다.

'지금 화가 올라왔구나. 지금 이런 생각을 하고 있구나.'

분리만으로도 사실 충분히 정화는 이루어지고 있다. 우리의 의식이 그것으로부터 나왔을 때 그 생각과 감정은 힘을 잃게 된다. 모든 에너지는 결국 우리의 의식적 초점이 실어주고 있으니 말이다.

정화를 열심히 하는 한 커플이 있었다. 함께 정화하면서 마음을 분리하고 바라보는 연습을 하다 보니 다툴 때도 예전과 달라졌다고 한다. 예전에는 갈등의 주체가 '나'이고 '너'였다.

"네가 어떻게 나한테 이럴 수 있어? 네가 지금 나를 무시하는 거야?"

결국 이런 싸움의 끝에서 '그 사람'에 대한 신뢰가 무너지게 된다.

"넌 나를 사랑하는 게 아니었어."

그런데 정화를 하면서 이렇게 달라졌다고 한다.

"지금 너의 어떤 심층 부분이 나를 실망시켰어. 나는 네가 그 심층을 봤으면 좋겠어. 왜냐하면 내 안의 어떤 부분이 무시당했다고 생각하는 중이거든."

나는 이 커플의 싸우는 모습이 떠올라서 웃음이 나왔다. 하지만 이건 아주 중요한 부분이다. 그 사람이 나를 실망시킨 것이 아니라 그 사람의 일부분이 나를 실망시켰다는 것은 아주 중요하다. 나의 모든 것이 그 사람에게 섭섭한 것이 아니라, 무시당했다고 믿는 어떤 부분이 있다고 인식하는 것 말이다. 이럴 때 서로의 갈등과 오해는 쉽게 풀어지게 된다. 그들 사이에는 그 갈등을 풀 수 있는 충분한 공간이 함께하고 있기 때문이다.

매트릭스의 연결 : 과거의 기억

◆ 과거의 나는 여전히 살아있었다 – 나의 이야기로부터

'생각과 감정'의 매트릭스를 넘어 이제 우리는 두 번째 실타래를 풀어볼 것이다. 내 안에서 일어나는 수많은 생각과 감정 중 어떤 것은 깊고 묵직한 덩치로 나를 짓누르며 외부 세상을 향한 반응으로 그대로 연결되기도 한다. 이는 나와 내 인생을 집어삼킬 듯 위협적이기도 하고 나와 내 인생에 있어 심각한 착각과 오해를 만들어내기도 한다.

이런 생각과 감정은 여느 것들보다 분리가 쉽지 않다고 느껴질 것이다. 더 정확히 표현하자면 분리하자마자 다시 빠른 속도로 나에게 찰싹 붙는 것처럼 끝도 없이 다시 올라오고 다시 올라오고를 반복하는 느낌이 들 것이다. 마치 그것은, 나에게 집착하면서 떨어지지 않으려고 안간힘을 쓰는 집요한 어린아이처럼 느껴질지도 모른다.

그런데 놀라운 것은 실제로 그런 생각과 감정에는 대부분 어린아이가 있다는 것이다. 그리고 그 아이는 다름 아닌 바로 과거 유년 시절의 '나'이다.

내 인생에 심각한 영향을 주고 있는 집요한 감정들과 생각 속에는 과거의 기억이라는 에너지 장이 존재한다. 더 정확히 표현한다면 기억 속에 갇혀서 자신을 꺼내달라고 소리치는 과거의 내가 그 생각과 감정을 끊임없이 만들어내고 있다는 것이다.

그리고 이 처절한 절규로 만들어진 생각과 감정은 내 의식을 피폐하게 만들 뿐 아니라 몸에 불편한 증상을 일으키거나 잘못된 선택으로 인생을 곤혹스럽게 만들거나 인간관계의 갈등을 일으키는 등의 실제적인 영향력을 발휘하게 된다. 이렇게 묵직하고 쉽게 분리되지 않는 '생각과 감정'의 매트릭스 장 아래에는 과거의 기억이라는 매트릭스 에너지 장이 연결되어 있다.

집안에서 이상한 냄새가 풍긴다. 불쾌한 이 냄새는 점점 더 심해지고 나중에는 몸이 근질거리면서 극심한 스트레스를 일으킨다. 그 냄새를 없애기 위해 청정스프레이를 뿌리고 주변을 닦아보지만 그 순간만 쾌적해진 듯하다가 이내 또다시 그 냄새는 진동하게 된다. 어느 순간 단순히 냄새만 제거하면 안 되겠다는 사태의 심각성을 깨닫게 되고 그 냄새의 원인을 찾아 나서서, 마침내 썩어가고 있던 음식물 하나를 발견하고 치우게 된다.

여기서 과거의 기억은 따지자면 썩어가는 음식물과 같다. 내 집안을 온통 흔들어놓을 만큼의 불쾌한 냄새에는 반드시 그 원인이 있는 것처럼 내 인생을 흔들어놓을 만큼의 강한 생각과 감정에도 반드시 과거의 기억이라는 연결고리가 있는 것이다.

그리고 이 원인을 마침내 제거하게 되면 거짓말처럼 집요하게 날뛰던 특정 생각과 감정도 고요해진다. 음식을 치웠을 때 냄새가 사라지는 것처럼 말이다.

과거의 기억이라는 매트릭스는 정말 나에게 획기적인 것이었다. '최면'이라는 기술을 배우기 전에 이미 나의 잠재의식 케오라는 이런 과거의 기억들을 종종 만날 수 있게 도와주었는데, 그것은 잊고 살았던 특정 기억들이 가끔씩 수면 위로 모습을 드러내는 듯한 방식으로 느껴졌다.

잠재의식과의 첫 만남에서 봤던, 조기진통으로 두려움에 가득 차 있었던 병실에서의 나. 그 당시에는 두려움만 느낀 줄 알았는데 다시 보게 된 그 장면에서는 혼자만의 두려움이라는 외로움이 함께하고 있었다. 그렇게 그 당시 나의 감정을 다시 한번 선명하게 교감하고 공감하고 또 이해받으면서 외롭고 두려웠던 그 기억 속의 나는 해방되었다.

나는 20대 중반 어느 날부터 극심한 위장 통증을 느끼기 시작했다. 물만 마셔도 위장이 불편해서 먹는 게 너무나 괴로웠다. 하지만 위내

시경을 받아봐도 늘 돌아오는 결과는 아무런 이상이 없다는 것이다.

그러던 어느 날 아침, 여느 때와 같이 위가 불편하게 느껴졌고 나는 답답한 마음으로 눈을 감고 미용고사를 되뇌며 마음으로 물었다.

"어떤 이유로 내 위가 이렇게 아픈 걸까? 분명 이유가 있으니 이렇게 아플 텐데…"

그러자 마음속에서 어떤 한 장면이 선명하게 떠올랐다. 그건 20대 초반, 회사에서의 내 모습이었다. 나는 대학에서 컴퓨터 프로그램을 전공했고 당연한 수순처럼 졸업한 후에는 금융회사 IT 전산실에 취직해서 프로그램 개발하는 일을 몇 년간 했었다.

당시 나를 맡았던 사수는 돌이켜 생각해보면 참 엄격한 사람이었다. 신입사원인 나에게 감당하기 힘든 프로그램 개발을 떠맡기고는 무조건 오늘까지 완성해놓고 퇴근하라는 것이다. 그럼 먼저 일하는 법을 친절하게 가르쳐줘야 할 것이 아닌가. 학교에서 배운 지식과 실무에서의 그것은 완전히 다름에도 불구하고, 그는 그걸 알면서도 모른 척하는 건지 과제만 던져놓고는 유유히 퇴근해버렸다.

나는 당연히 그것을 해내지 못하고 늦은 밤까지 컴퓨터 앞에서 끙끙거리다가 무거운 발걸음으로 퇴근하기 일쑤였다. 그런 퇴근길은 정말 지옥 같았다. 주어진 중요한 일을 해내지 못했다는 부담감과 자책 그리고 다음날 나에게 쏟아질 사수의 서슬 퍼런 질책들을 생각하면 밤새 잠을 이룰 수도 없었다. 그런 상태에서 밥인들 편하게 넘어갔겠는가….

마음속 그 기억의 장면은 밤에 아무도 없는 깜깜한 사무실에서 혼자 컴퓨터를 켜놓고 그 앞에 앉아있는 나의 뒷모습이었다. 풀 수 없는 숙제를 앞에 두고 자판에 머리를 조아리고는 무능한 나를 자책하며 흐느끼는 축 처진 어깨를 보는데 그때의 그 암담한 심정이 그대로 전해지면서 그 압박감이 이내 위장 통증으로 강하게 이어졌다.

세상 사람들 아무도 모른다. 그때의 내 심정, 내 마음, 내 상처…. 오직 나만이 안다. 그래서 오직 나만이 공감할 수 있다. 나는 과거의 나에게로 가서 어깨를 꼭 감싸 안고는 한참을 같이 울었다.

"나는 몸만 빠져나오면 끝인 줄 알았어. 그런데 마음은 여전히 그곳에 있었구나. 얼마나 힘들었을까? 아직도 그곳에서 이렇게 고통스러워하고 있었구나. 더 빨리 너를 찾지 못해서 정말 미안해. 나만 편하게 있어서 정말 미안해. 너의 고통이 위장에 서려있었으니 내 위가 그렇게 아팠던 거구나. 그럴 수밖에 없었던 거구나. 하지만 이제는 나가자. 이 지긋지긋한 방에서 말이야. 왜냐하면 나는 지금 자유롭게 살고 있거든. 회사 그만둔 지 오래야. 얼마나 편하게 살고 있는데. 아무도 너에게 더 이상 그런 압박을 주지 않아. 나와 나가자."

그리고 그 결과는 놀라웠다. 10년 동안 나를 괴롭히던 위장 통증이 그 후로 감쪽같이 사라진 것이다.

모든 인간은 나름의 깊은 외로움을 가지고 있을 수밖에 없을 것 같다. 각각의 상처가 다 다르고 그 상처의 감정들과 생각들이 다 다르지만 하나는 분명히 같다. 지독하게 외롭다는 것이다.

왜냐하면 그 각각의 사연, 상처를 그 어떤 누가 완벽하게 이해하고 공감해주겠는가. 그 당시의 내가 되지 않는다면 그 어떤 누구도 사실은 완벽하게 공감해줄 수는 없다. 사랑하는 연인도, 부모 자식도, 나를 믿어주는 든든한 친구도 결국은 그저 그들 식대로 짐작하고 나를 위로해줄 수 있을 뿐이다.

하지만 나는 그 당시의 내가 다시 될 수 있다. 그리고 완벽하게 그때 느꼈던 상처를 공감하고 이해해줄 수 있고 그럴 때 우리의 뿌리 깊은 외로움은 위로받는다. 이것이 내가 나를 스스로 정화해야 하는 이유이기도 하다.

내가 이 장면들을 정화하면서 놀랐던 것은 과거의 매트릭스가 생생하게 살아있다는 것이었다. 현실이 흐른다고 과거가 사라지는 건 아니었다. 과거는 늘 현재진행형이다. 지금 존재하는 내 발밑에, 소멸된 줄 알았던 과거의 매트릭스가 버젓이 살아 현재 안에 중첩돼 있었다.

또한 현재의 '나'라는 존재 안에 과거의 수많은 '나'가 겹겹이 중첩되어 있었다. 그렇게 기억 속에 갇힌 수많은 내가 우울함을, 분노를, 갈등을 또는 초라함을 내뿜고 있었던 것이다.

오늘 누군가에게 무례한 일을 당해서 비참하게 느껴졌는가? 보통은 잠시 불쾌하고 끝나야 할 그 감정이 시간이 지나도 묵직한 비참함으로 두고두고 남아있는가?

그렇다면 그것은 오늘의 비참함이 아니다. 그 비참함은 오늘의 그 상대가 만든 것이 아니다. 그 비참함이라는 감정 뒤에는 과거의 매트릭스가 겹쳐있다. 어느 과거의 기억 속에서 비참하게 울고 있는 내가 오늘의 비참함에 무게를 더해 쉽게 사라지지 않는 것이다.

오늘 누군가에게 화가 났는가? 이성적으로 생각해보면 그 정도 화를 낼 일은 아닌데 도저히 그가 미워서 견딜 수 없다면 그 화의 뒤에는 틀림없이 과거의 매트릭스가 겹쳐있는 것이다. 과거에 풀어내지 못했던 억울함이 오늘 그 상대에게 씌어있는 것이다.

우리는 이렇게 지금의 그 사건을 온전히 경험하지 못하고 지금의 누군가를 온전히 평가하지 못한다. 과거의 매트릭스가 벗겨지지 않는 한, 우리는 지금이 아니라 과거를 반복하는 것과 같고 수많은 과거의 악연으로 지금 누군가를 평가하는 것과 같다.

나는 나의 이런 경이로운 경험에 대해서 좀 더 자세히 알고 싶어졌다. 그저 가끔씩 일어나는 신비한 정화가 아니라 자발적으로 원하면 언제든지 할 수 있고, 그 정화의 원리를 좀 더 체계적으로 알고 싶어졌다.

그리고 그즈음, 나는 아주 운 좋게 문동규 원장님을 만나게 되었고 드디어 '최면'과 '최면상담'이라는 기술의 정수를 배울 수 있게 되었다. 그 후 최면상담사로서 수많은 사람들의 과거의 기억들을 분석하고 정화하게 되면서 더 이상 내가 했던 경험은 그저 잠재의식이 올려주는 신비한 체험이 아닌 누구나 할 수 있는 강력하고도 체계적인 정화법이 되었다.

우리 안에는 아주 많은 기억들의 매트릭스가 존재하고 있다. 그리고 그 매트릭스의 불은 꺼지지 않은 채 끊임없이 그 사연이 수년, 수십 년 동안 반복되고 있다.

4살 때 아빠에게 맞았던 그 아이는 50살이 돼서도 여전히 마음의 방 어디선가 계속해서 멈추지 않는 폭행을 당하고 있다. 아프다고 살려달라고 울부짖는 그 아이의 소리를, 50살의 그녀는 '세상 남자들은 다 나빠!'라는 신념으로 듣고 있을지도 모른다. 그렇게 자신에게 오는 따뜻한 인연들을 차갑게 내치고 외로움으로 쓸쓸하게 살아가고 있을지도 모른다.

10살 때 엄마에게서 무능하다고 혼이 났던 아이는 50살이 돼서도 기억의 방 어디선가 여전히 시무룩하게 기가 죽어있다. 그리고 자신을 위로해달라는 그 아이의 간절한 신호를, 50살은 남들보다 더 열심히 하지 않으면 무능하다는 평가를 받을지도 모른다는 강박적인 불안함으로 듣고 있을지도 모른다.

이렇게 시끄러운 생각과 감정의 매트릭스 뒤에는 반짝반짝 살아있는 과거의 기억이라는 매트릭스가 존재하고 있었다. 복잡하게 생각할 필요는 전혀 없다. 그저 그 기억의 방을 찾아서 불을 꺼주기만 하면 된다. 기억 매트릭스가 살아있는 이유는 아주 단순하다. 특정 생각과 감정이 그 방의 불을 끌 수 없도록 유지하고 있다.

다시 말해 모든 경험들이 살아있는 매트릭스로 남아있는 것은 아니다. 어떤 경험 속에서 그것으로 인해 특정 결심이나 생각을 하게 될 때 그리고 그것으로 인해 어떤 감정이 폭발적으로 일어났을 때 그 경험은 살아있게 된다.

그리고 우리는 불이 꺼지지 않은 매트릭스를 찾아 과거의 내가 가졌던 생각에 힘을 빼주고 감정에 공감하면서 그것을 풀어내는 것이다. 그럴 때 그 매트릭스의 불은 마침내 꺼지게 된다. 그리고 그 방에서 수십 년을 갇혀 똑같은 상황을 반복하던 과거의 나도 드디어 해방되게 된다.

◆ 기억으로부터 자유를 찾다 - 그들의 이야기

전문직에 남부러울 것 없는 건장한 40대의 남자 분이 계셨다. 하지만 그분의 얼굴에는 세상을 향한 짙은 불안함이 가득했고 잔뜩 웅크린 어깨에는 긴장감이 가득했다. 대화를 나누면서도 눈은 자신 없는 듯 아래를 향했고 연신 이런저런 질문들을 해도 피곤한 듯 단답형의 대답이 다였다.

한눈에 봐도 얼굴에 드리워진 짙은 불안함과 수많은 부정적인 생각들의 뒤에는 과거의 기억이라는 매트릭스가 강하게 뿜어져 나오고 있었다. 그 에너지는 너무나 강해서 금방이라도 이 사람을 집어삼켜 인생에 큰 문제를 일으킬 정도였다. 그 문제는 대부분 신체적인 병적으로 드러나거나 정신적인 피로감으로 극심한 무기력에 빠지게 되어 결국 현실적인 것들에서 손을 떼야 하는 지경으로 드러나게 될 수도 있다.

우선 현재 인식하고 있는 문제는 이랬다. 매사 불안하고 자신감이 없으며 회사에서도 늘 부정적인 생각들에 사로잡혀 엄청난 스트레스를 받고 있었다. 이 패턴은 사실 평생을 이어왔고 자신은 살면서 한 번도 인생이 쉽게 느껴지거나 편하다는 생각을 해본 적이 없었다고 한다.

그분의 인생을 지배하고 있던 과거의 기억 매트릭스는 의식의 깊은 이완 속에서 모습을 드러냈다. 3살의 아이는 호기심 어린 눈빛으로 해맑게 장난감을 찾아 열심히 기어 다녔다. 그러던 중 부엌의 부뚜막에까지 이르게 되었고 그곳이 어떤 곳인지 알 턱이 없는 아이는 열심히 기어가다가 부뚜막 한 켠에 있던 연탄불 구멍으로 머리부터 빠지면서 고꾸라지게 되었다.

40년도 더 지난 일이다. 사실 일상에서 의식적으로는 정확한 기억조차 없는 일이었다. 하지만 극심한 불안함과 무기력이라는 감정의 매트릭스를 풀어내자 기다린 듯 그 아래에 묻혀있던 기억의 매트릭스가 모습을 드러냈다.

연탄불 구멍으로 빠진 아이는 뜨거움에 미친 듯이 울부짖으며 소리치기 시작했고 다행히 주변에 있던 누군가가 아이를 빠르게 건져 올렸지만 이미 얼굴은 화상으로 붉어진 뒤였다.

그 후 한동안 아이의 얼굴은 화상의 흉터가 남아있었고 주변 사람들은 그런 아이를 볼 때마다 고개를 저었다. 그리고 비슷한 또래의 아이들은 마치 이상한 괴물이라도 본 듯 놀리면서 도망가기도 했다. 그러니 얼마나 주눅이 들었을까…. 하지만 참 다행스럽게도 자라면서 그 흉터는 흔적 없이 말끔해졌다.

그렇다면 정말 그 흉이 사라졌을까? 그렇지 않다. 마음속에는 여전히 그 흉터가 선명하게 남아있었다. 분명 자신의 얼굴에는 흉터가 없어졌는데 그는 여전히 사람들을 볼 때마다 얼굴을 가려야 할 것 같은 위축감을 늘 느껴왔다. 마치 여전히 자신의 얼굴에 화상의 자국이 있는 것처럼 말이다.

당연히 그럴 수밖에 없다. 사실 마음 한편에는 여전히 화상을 당했던 그 기억이 생생하게 돌아가고 있었기 때문이다. 그리고 생각해보라. 그 끔찍했던 순간을. 3살의 아이는 40년 동안 반복하고 있었다. 40년 동안 그 아이는 얼마나 수없이 연탄불 구멍에 또 빠지고 또 빠지기를 반복했을까? 아이는 그 지옥 같은 뜨거움 속에서 이렇게 생각했다.

"이게 인생이구나. 인생은 아주 위험한 것이구나. 아무 생각 없이 가면 갑작스러운 고통에 빠지게 되는 거구나. 아무것도 하지 않는 게 안전할 수 있겠구나."

그러면서 이 아이의 화상이라는 경험의 매트릭스 장 위에 극심한 불안함이라는 감정의 매트릭스 그리고 안전하기 위해서 몸을 사리고 아무것도 해서는 안 된다는 부정적인 생각의 매트릭스가 함께 만들어졌다.

그리고 이 매트릭스의 에너지 조합은 한평생 열심히 작동됐다. 이것을 하면 잘못될 것 같고, 저것을 시도하면 큰 문제가 생길 것 같고…. 그렇게 모든 선택 앞에서 늘 불안함을 느끼면서 주저하게 만들었다. 그리고 그 매트릭스 위에서 그 아이는 더 이상 인생은 놀이터가 아니라고 단정 지었다. 아주 위험하고 심각한 곳이라고 스스로 다짐했다. 아무 일도 일어나지 않는 평범한 일상 속에서도 그 매트릭스들은 늘 이런 식으로 작동했고 그 속에서 인생은 점점 더 지치고 피로해져만 갔다. 결국 몸만 훌쩍 자랐을 뿐 여전히 그는 3살 아이로 세상을 살고 있었던 거다. 그렇게 그의 눈에 비치는 세상은 연탄불에 빠지기 직전의 위태롭고 위험한 곳으로 비쳤을 것이다.

우리는 마침내 그 끔찍한 기억 속에 갇혀있었던 아이를 구했다. 다시는 연탄불에 빠지지 않도록 가장 안전한 곳으로 말이다. 그리고 실제로 이 사건은 그다음의 인생에 큰 해를 주지 않았다는 것을 인식시켜주고 생각보다 세상은 안정적인 곳이라는 사실을 말해주었다. 그 아이는 편안한 모습으로 미소를 지었다. 단단했던 매트릭스의 조합이 풀려져 나가는 순간이었다. 그렇게 기억으로부터 자유로워진 그는 인생의 큰 변화를 맞이하게 되었다.

우선 한눈에 봐도 다른 사람이 된 듯했다. 먼저 웃음을 띠며 반갑게 인사하고 자신감 넘치게 자신의 일상을 이야기하며 스스로의 변화를 체감한다고 말씀하셨다. 무엇보다 회사에서의 긴장감이 가벼워졌고 취미생활도 시작하는 등 활기가 넘쳐 보였다. 드디어 연탄불 구멍에서 진짜 벗어나게 되었고, 기억의 매트릭스가 풀려나간 자리에서 비로소 인생을 즐길 수 있게 되었다.

어느 날 메일 한 통이 왔다. 그 안에는 온통, 자신은 힘들어서 죽을 것 같고 눈물이 마르지를 않으며 정말 사는 게 피곤하고 견딜 수 없이 고통스러운데 그런 자신을 도와줄 수 있느냐는 내용이 담겨있었다. 그 메일은 나에게 참 무섭게 느껴졌다. 극심한 고통과 정상적으로 느껴지지 않을 만큼 섬세한 예민함과 날카로운 신경의 에너지들이 선명하게 느껴져서 내가 감히 도울 수 없을 거라는 확신까지 들었다.

'아! 이 정도면 변할 수 없겠다. 나에게 와도 도와드릴 수가 없겠구나.'

하지만 그분은 결국 나의 정화와 소통 프로그램에 참가하게 되었고 그분을 직접 뵈면서 나의 그 생각은 다시 한번 굳혀졌다. 왜냐하면 한눈에 봐도 날카로운 신경들의 날이 잔뜩 서 있었고 세상을 보는 얼굴은 고통으로 일그러져 있었다. 마치 치열한 전쟁터에서 자신을 보호하듯 손에는 날카로운 송곳을 꽉 쥔 채 휘두르고 있는 것 같았다. 하지만 정작 그 날카로운 송곳은 자신을 가장 아프게 찌르고 있었다.

그런데 지금은 그때 가졌던 나의 선입견들이 스스로 너무나 부끄럽다. 이 분 외에도 눈에 띌 만큼 힘든 상태의 분들이 몇 분 더 있었는데 나는 그럴 때마다 마음으로 그분들을 포기했었던 것 같다.

'저 정도의 고통스런 감정과 생각의 무게라면 결코 풀 수 없을 거야.'

하지만 그들은 결국 다 해냈다. 보란 듯이 자신들의 매트릭스를 스스로 풀어내고 인생을 바꿨다. 완전히 다른 사람이 된 것처럼 말이다. 그들은 나에게 자신들의 인생을 바꿔줘서 감사하다고 말하지만 사실 나는 그럴 때마다 내가 가졌던 선입견이 너무나 부끄러웠다. 못난 나를 넘어서서 전적으로 그들 스스로 해낸 일들이었다. 그런 사례들을 직접 경험하면서 이제는 스스로 확신한다. 절대 포기할 인생은 없다고 말이다.

다시 그의 이야기로 돌아가 보자. 일단 그는 아주 성실하게 프로그램에 임했고 지방에 살고 있어서 서울까지 먼 거리를 이동해야 함에도 재수강을 반복하면서 끊임없이 자신의 감정과 생각을 다루는 연습을 해왔다. 그렇게 열심히 자신을 정화하던 어느 날, 최면상담을 받아보고 싶다는 연락을 주셨다. 왜냐하면 이미 일상 속에서 많은 기억들이 모습을 드러내 메시지를 주고 있다고 하셨고 이것에 대해 상담으로 좀 더 정리를 해보고 싶다고 하셨다. 그리고 우리는 그 상담에서 자신을 그렇게 오랫동안 괴롭혔던 감정과 생각들에 연결된 구체적인 기억의 매트릭스를 끄집어낼 수 있었다.

어릴 적 그는 새어머니 밑에서 자라게 되었다. 설상가상 몸이 약했던 아버지는 늘 아내 눈치를 보게 되었고 그렇게 거의 생계를 책임지 다시피 해야 했던 새엄마는 어린 그에게 더욱 매정하고 차가웠다. 드러난 과거의 장면들은 다 비슷했다. 친엄마가 자신을 버리고 집을 나가던 날, 애타게 엄마를 쫓아가다가 결국은 포기하고 망연자실한 채 그 모습을 바라보고 있는 어린아이, 배가 아파서 끙끙거리며 매달리는 어린아이를 매정하게 밀어내버리는 새엄마 등등….

어린아이가 매번 보호자라는 존재들에게 자신의 인생을 기대려 할 때마다 그 보호자들은 신기루처럼 무너져버렸다. 결국 온몸을 다해 기댔던 아이는 매번 차가운 바닥에 쿵 하고 마음이 박히고 말았다. 어린아이가 감당하기 힘들었을 그 좌절감. 자신이 버려졌다는 그 깊은 슬픔 속에서도 아이는 홀로 살아야 하기에 작은 주먹을 꽉 쥐고는 스스로 이렇게 다짐했다.

"이 세상에는 나를 도와줄 사람이 아무도 없어. 나 혼자야. 그러니 강해져야 해. 무조건 더 강해지고 또 강해져야 해."

그리고 그는 그때부터 세상에 벽을 치고 남들이 쉽게 넘어오지 못할 철창을 만들고는 누구보다 더 치열하게 싸우고 일하고 자신을 지키면서 살아왔다. 그리고 어느 날부터 점점 피로해진 그의 마음과 몸은 무너지기 시작했다. 우리는 그 기억 속의 아이들을 하나하나 해방시켜주었다. 그리고 그 아이들에게 결코 혼자가 아님을 알려주었고, 어릴 적 받지 못했던 보호자의 사랑을 이제 그의 의식이 해주기로 약속도 했다.

"너무 힘들었겠다. 하지만 이제는 다 괜찮아. 내가 너희를 돌봐 줄 거거든. 그리고 우리에게는 진짜 보호자인 잠재의식이 있잖아. 이제는 우리 편하게 살자."

그리고 그는 지금 완전히 다른 인생을 살고 있다. 자신을 오랫동안 고달프게 했던 직장을 과감히 그만두고 완전히 새롭고 매력적인 일을 시작했다. 괴롭다고 울던 그는 이제 반대로 사람들을 치유하는 일상 속에 있다. 환하게 웃는 얼굴에는 사랑받는 아이의 순수함이 가득하고 실제로 주변에서 많은 응원과 사랑을 받고 있다. 그리고 나에게도 이제는 든든하고 편안한 정화의 동반자가 되었다.

ICS 정화와 소통: 영혼의 매트릭스

3

물질 차원 매트릭스의 뿌리 : 부모

◆ 결코 바꿀 수 없는 나라 - 나의 이야기로부터

나는 '파랑이'이라는 나라에서 태어났다. 그리고 당연하게 그 나라의 왕은 본인의 나라에서 태어난 백성이라는 증표로 나에게 파란색의 유전자 옷을 입혔다. 그때부터 본격적인 보호와 통치가 시작되었는데 그들은 파랑이라는 나라에 걸맞게 늘 파란색의 말을 했고 파란색의 행동을 했다. 내가 다른 색을 엿볼라치면 호들갑을 떨며 파랗게 살아야 하는 게 법이라고 강조하고 또 강조했다.

시간과 함께 성장하게 된 나는 외부에서 다른 색들을 종종 만날 수 있게 되었다. 그러면서 마음으로 내가 원하는 다른 색들을 상상하기도 하고 다른 색의 행동을 슬쩍 따라 해보기도 했다. 하지만 이것은 철저하게 파랑이 나라의 왕에게는 비밀이어야 했다. 왜냐하면 파랑이 나라의 법에 어긋나기 때문이다. 그렇게 나는 다른 색을 가지려고 할 때마다 나라의 중요한 법을 어기는 것 같아 죄책감을 느꼈다.

우리는 결국 자라면서 선택해야만 한다. 법을 어기고 마음으로 죄책감과 불안함을 지닌 채 다른 색으로 살아볼 것인지, 아니면 철저하게 그들과 같은 파란색으로 살 것인지 말이다.

어느 날 사춘기에 접어든 딸이 언쟁 끝에 울면서 나에게 말했다.

"엄마 때문에 내가 죄인이 된 것 같아."

이 말에 내 마음속 단단한 어떤 부분이 와르르 무너졌다.

'너를 위해서 그랬어. 엄마는 어른이니까 다 알아. 너에 대해서 엄마는 모르는 게 없어. 내가 낳고 길렀으니까. 엄마 말대로 하지 않으면 네 인생은 망가질 게 뻔해. 내가 널 어떻게 키웠는데 감히 그런 말을 해?'

늘 해왔던 이런 말들이 입에서 맴돌았지만 왠지 아무 말도 나오지 않았다.

딸을 임신했을 당시 나는 이런 태몽을 꿨었다. 친구들과 학원을 가는 길이었는데 갑자기 어디선가 커다란 호랑이가 나타났다. 순간 너무 놀랐지만 이내 여느 호랑이와는 다르다는 사실을 알고 안도했다. 원래 호랑이라면 '어흥' 하고 우렁찬 소리를 내면서 사람을 위협했을 테지만 그 호랑이는 희한하게도 몸을 잔뜩 웅크린 채 마치 나의 환심을 사고 싶은 것처럼 애교를 부리고 춤을 췄다.

ICS 정화와 소통: 영혼의 매트릭스

"야, 저 호랑이 웃긴다. 누가 조련했나 보다."

그렇게 웃으면서 한참을 보다가 이내 학원 시간에 늦겠다 싶어 발길을 돌리던 그때, 갑자기 그 호랑이가 자신의 앞발 하나를 나에게 내밀었다. 그 다리에는 굵직하고 단단한 쇠고리가 차여져 있었는데 새끼 때부터 하고 있었는지 이미 작아진 쇠고리 때문에 살이 다 삐져나와 있었고 혈액 순환이 되지 않는 앞발 상태가 심각해 보였다.

"어머! 힘들었겠다. 그동안 제대로 뛰지도 못했겠네. 누가 이렇게 잔인하게 쇠고리를 채웠지? 이리와 내가 풀어줄게."

쇠고리를 풀어주자 호랑이는 이내 편해진 듯 활기차게 뛰었다.

엄마 때문에 죄인이 된 것 같다는 딸의 말을 듣는 순간 난 비로소 알게 되었다. 그 쇠고리를 내가 채웠다는 것을 말이다.

예전의 나는 정말 형편없는 사람이었다. 나는 늘 피해자였고 세상은 가해자처럼만 보였다. 그러면서 날카로운 방어기제는 더욱 강해져 갔다. 딸이 태어나자 나는 이 험한 세상에서 딸을 보호해야만 했고 그래서 더더욱 날카롭고 강해진 방어기제를 딸에게 강요하고 살았을지도 모른다. 그리고 그건 완벽한 양육처럼 느껴졌다. 보호자로서 당연히 해야 하는 아주 정성 어린 보살핌처럼 말이다.

하지만 딸의 말 한마디가 나의 모든 착각을 하루아침에 무너지게 만들었다. 그러면서 처음으로 딸을 대하고 있는 나의 모든 부분들이 객관적으로 보였다. 나는 완벽하게 파랑이 나라의 법만을 강요하는 왕이었고, 딸은 답답한 쇠고리를 찬 채 호랑이로 살 수 없는 이상한 호랑이가 되어있었다.

나는 그때 비로소 알게 됐다. 딸의 핵심 매트릭스가 '부모'이고 그중에서도 바로 나라는 것을 말이다. 그러고 보니 모든 것들이 이해가 됐다. 내가 마음속에 누군가를 미워하면서 강한 분노를 되새길 때마다 딸은 어김없이 친구에게 상처를 받고 와서는 서럽게 울었다. 그리고 내가 공부를 강요할 때마다 딸은 실제로 배가 아프거나 두통에 시달렸다. 겉으로는 정말 예의 바르고 반듯하며 규칙을 잘 지키는 모범생이었지만 실은 '부모'라는 매트릭스 속에서 소심하고 잔뜩 주눅이 든 겁쟁이였다.

호랑이는 그 자체로 완벽하다. 쇠고리를 찬 호랑이가 비정상인 것이다. 그 쇠고리는 결국 나라는 존재였고 내가 마음으로 물러나, 딸을 한 인간으로서 존중하며 바라볼 때 비로소 딸은 진짜 호랑이가 되어서 정글의 왕으로 살아갈 것이다.

그때부터 우선 내 마음의 애착을 바라보며 정화했고 어느 날 딸에게 한 가지 제안했다. 편하게 눈을 감고 상상이라도 좋으니 엄마 뱃속에 있었을 때를 떠올려 보라고 했다. 그리고 이렇게 말했다.

"지금부터 엄마에게 연결된 탯줄을 분리할 거야. 왜냐하면 너에게는 엄마의 탯줄이 더 이상 필요하지 않거든. 하지만 걱정하지 마. 너의 잠재의식이 원래 네가 가진 멋진 영감적인 탯줄을 연결해줄 거야. 그렇게 연결된 영감적인 탯줄은 평생 연결돼서 너를 보호하고 너를 더 빛나게 해줄 거야. 자 이제 넌 더욱 강해지고 더욱 멋진 사람이 되는 거야."

그리고는 상상을 더해 나와의 탯줄을 분리하고 빛으로 가득한 영감적인 본연의 탯줄을 연결해주었다. 그 작업을 진행하면서 마음으로 딸의 잠재의식에게 부탁했다.

'딸에게 줬던 모든 유전 정보를 무시하셔도 됩니다. 당신의 지혜로 딸의 인생을 이끌어주세요. 가장 완벽하고 유리하게 보호자의 역할을 해주세요.'

참 별거 아닌, 상상 같은 작업이었지만 그 결과는 대단했다. 마치 쇠고리를 벗어던진 호랑이처럼 '부모'라는 매트릭스로부터 자유로워진 딸은 그날 이후로 완전히 다른 사람이 되었다.

체력이 약했던 딸은 스스로 운동에 재미를 붙여 열심히 하기 시작했고 어느 순간부터 체력이 강해졌다. 성격도 바뀌었는데, 같은 아이가 맞나 싶을 정도로 긍정적이고 활발해졌으며 말투 자체가 자신감 있게 완전히 바뀌었다. 딸 스스로도 언젠가부터 자신의 성격이 완전히 달라진 게 느껴진다고 이야기한다.

어린 자식에게 있어 부모는 세상, 우주, 그 모든 것이다. 이처럼 부모라는 존재가 자식에게 미치는 영향력은 감히 우리의 의식으로 상상할 수 없을 정도다. 자신은 충분히 성인이 되어 부모로부터 독립했다고 생각하지만 절대 그렇지 않다.

사람들에게 서려 있는 그 인생의 색은 과연 어디서부터 시작되었을까? 이 질문의 답은 아주 당연하다. 우리가 가진 물질 매트릭스의 시작은 부모다. 그 부모 매트릭스가 과거의 기억 매트릭스를 만들고 다시 과거의 기억 매트릭스가 그 사람의 성향인 고질적인 신념과 감정들의 매트릭스를 만들어낸 것이다.

누군가에게서 그 부모의 흔적을 찾는 것은 그리 어려운 일이 아니다. 부모의 인생을 그대로 반복하고 있거나 아니면 다른 방식의 모습을 하고는 있지만 내면에는 부모의 기준에서 벗어났다는 불안감과 자책이 내재하고 있는 경우가 많다.

우리가 전혀 알아차리지 못할 만큼 은은하고도 당연한 모습으로, 우리의 인생 매트릭스 속에는 부모의 매트릭스가 아주 강하게 겹쳐져 있다. 이럴 때 나는 결코 내가 아니다.

또한 부모와 자식의 인연, 그 끈질긴 매트릭스는 부모가 죽었다고 해도 저절로 사라지지 않는다. 마음에서 스스로 정리하고 벗어나지 않는 한 영원히 그 에너지 장이 연결되어 흐른다. 현실에서의 부모는 죽고 사라졌지만, 유년 시절 나와 함께 했던 부모는 나의 매트릭스 장에 영원히 남아있게 된다.

묵직한 생각과 감정의 매트릭스에 과거의 기억이라는 매트릭스가 연결되어 있었듯이, 내 인생에 핵심적인 영향을 주고 있는 유년 시절의 기억 안에는 늘 부모가 존재하고 있다. 무심한 모습으로 나에게 외로움을 느끼게 하거나 냉정하고 엄격한 모습으로 나에게 압박감을 느끼게 하거나 부부싸움으로 극심한 불안함을 느끼게 하는 등의 다양으로 모습으로 존재하고 있다.

나는 명백하게 어리석은 부모였다. 하지만 한 가지 눈여겨볼 것은, 사실 그 어떤 이의 기억 속에도 완벽한 부모는 없다는 것이다. 실제로 꽤 현명하고 지혜롭게 아이를 사랑하며 최선을 다해 양육했던 부모에게도 그 아이는 작은 것에서 상처를 받는다. 왜냐하면 부모는 완벽할지 몰라도 아이가 불안정한 존재이기 때문이다. 더 정확히 표현하자면, 현실적인 상황을 완벽하게 이해할 수 없는 아이이기 때문에 모든 아이는 오해 속에서 스스로 상처를 받는다.

급한 볼일을 보느라 배고픈 갓난아이를 잠시 내버려두는 사이, 그 아이는 마음에서 죽을지도 모른다는 생존의 불안함을 느끼기도 한다. 실제로 그 아이는 곧 우유를 먹게 되고 당연히 죽지 않지만 그 짧은 시간 느꼈던 생존의 불안함에 대해, 아이는 스스로 오해를 풀지 않고 오해된 감정 그대로 매트릭스로 만들어버리기도 한다.

엄마가 동생을 출산하기 위해 아이를 친척 집에 맡기게 될 때, 영문을 모르는 그 아이는 자신이 버려졌다는 착각을 진실로 여기며 부모를 원망하는 매트릭스를 만들기도 한다. 또한 부모이기 이전에 한 인간이기에 느껴야 하는 심각한 고민이나 갈등을 가지고 있을 때 아이는 본능적으로 그 부모의 심각함과 고통을 함께 인지하고 자신의 것인 양 고통의 매트릭스를 만들기도 한다.

이렇게 실제 검증과 상관없이 모든 부모에게서 아이는 나름대로의 크고 작은 상처를 받게 된다. 그래서 나는 핵심 매트릭스 여부에 상관없이 모든 사람들이 마음에 연결된 부모와의 끈을 스스로 정화할 필요가 있다고 생각한다.

우리는 자유로워져야 한다. 정말 그 모든 것으로부터 말이다. 특히 좋은 것으로부터, 달콤한 것으로부터, 절대 벗어나지 못할 것 같은 애착으로부터 그리고 절대적인 익숙함으로부터 자유로워져야 한다. 그럴 때 우리의 진짜 모습이 드러나게 된다.

그리고 이것이 부모와의 현실적인 관계를 소원하게 만든다는 의미는 아니다. 오히려 그 반대이다. 서로 끈끈한 매트릭스로 연결되어 있게 되면 의식적으로는 알아차릴 수 없지만 마음이 힘들고 서로 불편해지게 된다. 잘하려고 애쓰지만 현실에서는 서로 불만이 쌓이고 지치게 될 수도 있으며 사사건건 부모와의 사이에 현실적인 문제가 일어나게 될 수도 있다.

서로가 자유롭고 그 사이에 공간의 여유가 있어야 나의 영감적인 에너지가 그리고 부모의 영감적인 에너지가 흘러나와 모두의 인생을 가장 유리하게 이끌어준다. 그리고 그럴 때 우리는 진정으로 함께하게 된다. 부모와 자식의 끈을 넘어서 인간과 인간으로 더욱 아름답게 교감하게 된다.

더 나아가 부모의 매트릭스에는 부모만이 있는 것이 아니다. 부모의 매트릭스에는 조상들의 정보, 사연들에 대한 에너지가 서려 있다. 유전 정보가 부모에게서만 오는 것이 아니라 대대손손 연결되어 전해지는 것처럼 매트릭스의 정보들도 마찬가지이다. 부모와 연결된 그 부모, 또 그 부모 위에 연결된 부모. 결국 조상들의 모든 것들이 농축되어 지금의 '나'에게 연결되는 것과 같다.

우리가 물질적으로 물려받는 유전 정보에는 비단 신체적인 정보만 담겨있는 것은 아니다. 그 속에는 윗대의 경험에서 만들어진 신념과 감정들의 응어리가 부모라는 매트릭스를 통해 전달되고 있는 것이다.

그러니 부모와의 매트릭스가 강하게 연결되어 있게 되면 나는 온전히 '나'로서 살 수가 없다. 내가 인식하지 못한다고 존재하지 않는 것은 아니다. 우리는 이렇게 너무나 많은 것들과 연결되어 있고 많은 영향을 받으며 잘못된 방향의 인생을 살아가고 있다.

실제로 최면상담을 진행하다 보면 가끔씩 이 부분을 직접적으로 확인할 수 있었는데, 다음과 같은 한 내담자의 사례도 그랬다.

그는 정말 열심히 살아왔지만 이상하게도 경제적인 부분에서 반복적인 손해를 보거나 사기를 당하는 일이 자주 있었단다. 하지만 애초에 이것을 가지고 상담을 진행한 것은 아니었다. 다른 감정적인 문제로 상담을 진행했고 거의 마무리 될 무렵, 그의 내면의 한 파트(Part: 분아)가 저절로 드러났다. 그 파트는 자신의 역할을 경제적인 손해를 보게 하는 것이라고 했고, 자신은 이 사람에게만 존재하는 것이 아니라 이 사람의 집안에 걸쳐있는 존재라고 했다. 그리고 태어날 때 이미 이 사람의 일부로 존재하고 있었다고도 했다.

그것의 최초 원인을 찾는 작업을 진행하면서 우리는 놀라운 것을 알게 되었다. 이 존재의 근원은 몇 대 위 어느 조상의 삶에서 시작되었는데, 그 당시 그 조상은 양반의 신분임에도 불구하고 굉장한 가난과 결핍에 시달리다가 가족 모두 비참하게 죽어갔다. 그때 만들어진 뿌리 깊은 결핍의 기억이 대대로 유전을 통해 내려가게 되었고 이 내담자의 아버지를 통해 형제에게도 연결되었다.

실제로 그 내담자는 집안 자체, 특히 아버지의 삶 그리고 다른 형제의 삶도 자신과 마찬가지로 열심히 성실하게 살면서도 늘 손해를 보는 일이 반복되고 있다고 했다.

이건 우리가 흔히 알고 있는 빙의의 개념과는 완전히 다르다. 외부에서 들어온 에너지체가 아니라 내 본연의 부모 매트릭스에 유전이라는 형태로 새겨진 에너지 정보들이다. 그리고 이렇게 드러난 정보는 그것을 해방시킴으로써 집안 대대로 내려오던 유전적 매트릭스 정보를 바꿀 수 있게 된다. 이 말은 다시 말해 누구든 한 명만 자신의 매트릭스를 풀어내게 되면 그것은 자신만의 해방이 아니라 그와 연결된 조상, 형제, 부모 등의 광범위한 주변인들의 인생도 함께 풀어내게 된다는 것이다.

◆ 정말 사랑한다면 - 그들의 이야기

어느 날 30대 후반의 한 여자 선생님이 상담을 위해 찾아왔다. 그녀는 책상에 앉자마자 긴 한숨을 내쉬면서 이렇게 말했다.

내담자 : 선생님, 저는 엄마의 박복한 인생을 그대로 닮았어요. 엄마는 늘 사람들에게 욕을 듣고 천시당하고 살아요. 아버지도 밖에서는 그렇게 점잖은 사람이 엄마에게는 늘 폭력을 행사하고 무시했었어요. 그러다 지금은 결국 엄마를 버리고 나가서 혼자 살고 계시고요. 나도 딱 엄마랑 비슷해요. 늘 사람들에게 인정받지 못하고 무시당하면서 살고 있어요. 지금도 엄마처럼 외롭게 혼자 살고 있고요. 선생님이 말씀하신 부모와의 끈이 저는 엄마랑 연결되어 있어요. 그래서 엄마가 너무나 원망스럽고 싫어요.

그렇게 말하는 그녀의 얼굴에서 순간, 그 부모의 매트릭스 에너지 장이 선명하게 드러나 보이기 시작했다. 두 분의 인생이 말이다. 하지만 내가 느낀 에너지의 장은 그녀가 말하는 것과는 완전히 달랐고 나는 느껴지는 그대로 말씀드렸다.

영현 : 저는 사실 선생님에게서 전혀 다른 느낌이 듭니다. 한번 참고해보세요. 선생님은 엄마와 연결되어 있다고 하지만 전혀 아닙니다. 선생님의 매트릭스 장에는 아버지가 연결되어 있네요.

내담자 : 네? 설마요.

영현 : 어머니와 선생님은 전혀 다른 인생이에요. 어머니는 사람들에게 무시당하고 천시당하는 인생이 분명히 맞습니다. 하지만 선생님은 결코 그런 인생을 살지 않았어요. 오히려 선생님이 그들과 소통을 거부하고 있는 거예요. 냉정한 표정으로 차갑고 무뚝뚝한 말투로 그들과 친해지기를 거부하고 스스로 벽을 만들고 있었어요. 결코 선생님을 무시하거나 천시

128

한 사람들은 없었습니다. 오히려 사람들이 선생님을 향해 왜 저 사람은 우리를 거부하는 것인지 서운해하고 있는 소리가 느껴집니다. 실제로 누군가가 명백한 말로, 명백한 행동으로 선생님을 괴롭힌 사람이 있었나요?

내담자 : 어… 아니요… 아! 그러고 보니 그 말이 맞는 것 같아요. 나는 사람들에게 일부러 늘 냉정하게 대했어요. 엄마처럼 무시당할까 봐 미리 선수 치듯이 말이에요. 하지만 막상 돌이켜보니 나에게 냉정했던 사람들은 없었네요. 세상에나… 그런데 왜 저희 엄마는 그렇게 무시당하고 사는 걸까요?

영현 : 선생님 어머니 인생은 참 특이합니다. 전생에 어떤 사연들이 있었는지는 모르겠지만 분명한 건 이생에서 스스로 그런 무시당하는 상황을 선택하고 오셨네요. 그러니 어머니 옆에만 있으면 멀쩡하던 사람도 어머니를 당연한 듯 무시하게 됩니다. 참 안타깝지만 그분의 나름 깊은 사연이 있어서 그런 거겠죠.

내담자 : 맞아요. 사실은 정작 저도 엄마와 같이 있으면 저도 모르게 화가 나고 무시하게 되더라고요. 그러면서도 엄마 때문에 내 인생까지 그렇다며 늘 원망하고 있었어요. 선생님 말씀을 들으니 마음이 너무 안타깝습니다. 제가 엄마에게 어떤 도움을 드릴 수 있을까요?

영현 : 어머니를 무시하고 싶을 때, 그 마음을 분리하고 대신 어머니를 향해 마음으로 이렇게 말하세요. '무슨 사연인지는 모르겠지만 이제 그만해도 됩니다. 이제는 존중받는 인생을 살아요.' 그리고 선생님이 먼저 어머니를 존중하는 마음으로 볼 수 있을 때 어머니를 보는 세상의 시선도 서서히 바뀌게 될 겁니다.

내담자 : 네…. 그런데 아버지랑 연결되었다는 말은 무슨 뜻인가요?

영현 : 아버지에게는 '선택과 후회'의 매트릭스가 존재합니다. 사실 아버지에게는 다른 인연의 여자가 있었을 겁니다. 하지만 어머니를 선택하게 되면서 인생이 완전히 바뀌게 되었어요. 안타깝지만 어머니는 어떤 남자를 만났어도 무시당하는 삶을 살았을 겁니다. 하지만 아버지는 다른 여자 분을 만났더라면 아주 멋지고 여유롭게 존경받으며 살아갔을 겁니다. 어느 곳에선가 인연을 놓친 그 여자 분의 외로움이 아버지의 인생 안에서 느껴지네요. 그래서 저는 개인적으로 아버지의 인생이 참 안타깝습니다. 선생님도 혹시 살면서 선택하고 후회하는 일이 있지 않나요?

내담자 : 아, 맞아요. 대학을 선택했을 때, 과를 선택했을 때, 회사를 선택했을 때도 매번 후회했었어요. 저랑은 완전히 맞지 않는 잘못된 선택을 했다는 걸 뒤늦게 늘 깨달았거든요. 그러고 보니 정말 아버지는 그런 분이세요. 지금도 혼자 사시는데 늘 손에서 책을 놓지 않으시고 얼마나 멋지게 살고 계시는지 몰라요. 그런 아버지가 대단해 보일 때가 있어요.

영현 : 참 운 좋게도 선생님은 아직 배우자를 선택하지 않았네요. 잠재의식에게 감사하세요. 아버지와의 연결 매트릭스를 깨닫는 순간 그 끈은 서서히 풀리게 됩니다. 이제 선생님은 후회 없는 선택을 하시게 될 거예요. 그리고 자신의 인연을 만나 행복한 인생을 누릴 때 아버지의 깊은 외로움도 함께 정화될 겁니다.

그 여자 선생님은 이후로 어머니와 아버지를 보는 시선이 완전히 달라졌고, 직장에서의 대인관계도 한결 편하고 좋아졌다고 한다. 또한 그동안 무시당했던 게 아니라는 걸 인식하면서 자존감도 많이 올라갔다고 하셨다.

하루는 40대 초반의 남자분이 상담을 찾아왔다. 그는 오랜 기간 원인을 알 수 없는 두통에 시달리고 있으며 그 통증으로 인해 직장생활은 물론, 연애나 결혼도 할 수 없다고 했다. 다행히 홀로 계신 모친이 자영업을 하고 계셔서 생계 걱정은 하지 않아도 됐고 또 비교적 건강하신 모친께서 아픈 아들을 지극정성으로 옆에서 간호해주고 계셨다.

이렇게 본인의 사정을 말씀하시는데 이미 그분에게서 어떤 강한 매트릭스 장이 느껴졌다. 그 매트릭스의 사연은 강압적인 엄마에 대한 순종적인 아이의 소심한 복수였다. 결국 그의 인생을 강하게 붙잡고 있는 건 '엄마'라는 매트릭스였던 것이다.

실제로 상담을 진행할수록 과거 엄마의 강압적인 양육 환경이 끊임없이 드러났다. 얼핏 보면 기가 죽었던 유년 시절 과거의 기억 매트릭스가 원인인 듯 보이지만 사실은 그렇지 않았다. 단순히 억울했던 유년 시절의 내면 아이를 해방시키는 것만으로는 진전이 보이지 않았다. 생각보다 강하게 엄마와 연결되어 있었는데 문제는 스스로 이것을 놓고자 하는 의지가 없다는 거였다.

그의 원인은 사실 아주 뻔한 것이었다.

'엄마에게 복수할 거야. 엄마는 나를 너무 억압하고 힘들게 했잖아. 내가 회사생활 잘하고 결혼도 하고 잘 살면 결국 그건 자식 잘 기른 엄마에게 공이 돌아가는 거잖아. 내가 망가져야 엄마도 자식 잘 못 길렀다는 생각에 자책하겠지. 엄마는 그렇게 반성해야 해.'

그리고 또 한편으로는 어릴 때 받지 못했던 사랑을 자신이 아프면서 듬뿍 받고 있는 것에 대한 애착도 작용했다. 다시 자신이 예전처럼 건강해지면 엄마의 보살핌이 사라질 것이기 때문이다.

이것은 이차적 이득이라고도 표현할 수 있는데, 이 통증을 유지하는 것으로 뭔가 얻을 수 있는 이득이 있을 때 무의식중으로 이것을 내려놓지 못하는 현상이다. 단순한 이차적 이득은 파츠 테라피 같은 테크닉으로 비교적 해결이 쉽게 되지만 이 분 같은 경우는 좀 달랐다. 이차적 이득과 함께 '엄마'라는 질긴 매트릭스 장이 이중으로 연결되어 있어서 더더욱 풀기가 쉽지 않아 보였다.

만약 엄마가 경제적 능력이 없어서 아들에게 대놓고 의지했다면 상황은 달라졌을 것이다. 엄마의 경제력은 이 아들이 마음 놓고 복수하기 아주 좋은 배경을 만들어준 것이다. 그리고 만약 연결된 매트릭스의 대상이 엄마가 아니라 아빠였다면 상황은 또 달라졌을 것이다.

어쨌든 문제는 의식적인 차원에서 이미 자발성이 없다는 것이었다.

작업이 어느 정도 깊어질 때마다 두통이 있다며 거부반응을 일으키기 시작하는 것이다. 매트릭스를 정리할 생각이 전혀 없는 그에게는 이 작업이 아마도 위협적으로 느껴졌을지도 모른다. 결국 안타깝지만, 지금은 자신의 몸 상태가 많이 안 좋으니 좀 더 건강해지면 오겠다고 다음을 기약하며 돌아갔다.

제각각의 사연으로 다양한 주제를 가지고 다들 상담을 받으러 오지만, 그 원인 속에는 공통적으로 '부모'가 존재하고 있다는 사실을 앞서 언급했다. 그 원인이라는 것에는 유년 시절 부모에게 버림을 받았거나 학대를 당했거나 하는 등의 큰 트라우마가 될 만한 것도 있지만, '바보야! 넌 그것도 못해?' 등의 사소한 말 한마디, 본인의 감정에 공감해주지 않고 외면하는 부모의 모습 등 누구나 흔하게 경험했을 법한 것들도 많다.

사람들마다 핵심 매트릭스는 모두 다른데, 그중에서 특히나 '부모'와의 인연이 핵심 매트릭스로 작용하고 있는 경우에는 그 경험의 크기(트라우마가 될 만한 혹은 사소한)에 상관없이 부모의 반응 하나하나가 아이 내면에서 굉장히 강한 에너지 장으로 만들어지게 된다. 그렇게 만들어진 매트릭스가 평생 그 아이에게 영향을 주게 되는 것은 말할 것도 없다. 사실상 그 아이는 그렇게 만들어진 부모의 매트릭스 안에서 살아가게 되는 것이다.

그리고 여기서 다시 나눠보자면 부모 중에서도 엄마나 아빠 한쪽으로 강한 매트릭스가 만들어진다. 물질적인 탯줄은 엄마와 연결되어 있지만 에너지적인 탯줄은 아빠와 연결된 채로 태어날 수도 있다. 그랬을 때 이 에너지 탯줄을 통해 그 부모의 반응 하나하나가 아이에게 흘러들어 가고 에너지 장으로서 매트릭스로 만들어지기 시작한다.

그리고 이 에너지 탯줄의 연결은 아마도 전생에 얽힌 인연이거나 아니면 영혼의 차원에서 이미 계획된 인연이었을 것이다. 엄마와 에너지 탯줄이 연결된 경우에는 아빠가 했던 모진 행동들은 내면에 남지 않으나 엄마의 사소한 말 한마디는 큰 상처로 남아 일생 매트릭스로 작동된다.

그리고 반대로 아빠와 에너지 탯줄이 형성된 경우에는 자신을 버리고 떠난 엄마에 대한 원망보다 남겨진 자신을 적극적으로 보살펴주지 않은 아빠에 대한 원망이 일생에 영향을 주게 된다.

실제로 상담 중에 이런 예가 있었다. 우울증으로 정신과 약을 먹고 있는 고등학교 1학년의 여학생이 있었는데 학교에서 친구들과 어울리지 못하는 것이 그 원인인 것 같다고 했다.

그런데 그 학생의 내면을 들여다보니 친구들은 전혀 문제가 없었다. 다만 그 학생은 부모, 그중에서도 엄마와 강한 매트릭스가 형성되어 있었고 우리는 곧 그 슬픔의 원인을 엄마 매트릭스를 통해 찾을 수 있게 됐다.

그 학생이 5살 때, 엄마는 갑작스런 사고로 부모님이 한 번에 다 돌아가시는 경험을 하게 되었는데 그때 몇 달 동안 오열하고 울고 있는 엄마의 슬픔을 5살의 아이가 그대로 흡수해버린 것이다. 그리고 그 아이는 마치 자신의 슬픔인 것처럼 아주 단단한 슬픔의 매트릭스를 만들어서 스스로를 묶어버렸다.

엄마의 슬픔이지 자신의 슬픔이 아니라는 것을 충분히 인식시켜주고 분리하면서 이 학생의 우울증은 완전히 사라지게 되었다.

한편 부모와 자식의 관계에는 이런 법칙도 있다. 자식에게 받은 상처는 생각보다 쉽게 아문다. 부모가 자식에게 실망하고 상처를 받아도 대단한 작업 없이 결국은 용서되고 잊히고 다시 그 자식을 품게 된다. 하지만 자식은 다르다. 자식이 부모에게 받은 상처나 영향력은 저절로 쉽게 사라지지 않는다. 대단한 작업을 거쳐야 겨우 그 상처가 아문다.

실제로 오랜 기간 상담을 진행해오면서 내담자들을 통해 늘 확인하게 되는 부분이다. 부모의 입장에서 자식에게 받은 상처를 못 견뎌서 해결하려고 오는 내담자는 극히 드물다. 내 자식이니까 그래도 이해되고, 속상하고 마음은 아프지만 그래도 끝내 용서하고 기꺼이 사랑으로 품고 넘어간다. 그러나 그런 대단한 부모조차도 정작 자신의 부모에게 받은 상처는 쉽게 내려놓지 못한다.

예를 들어 성추행을 당한 경우 그 가해자에 대한 분노보다 그 상황에서 나를 감싸주지 않고 오히려 내 탓이라며 냉정하고 거친 말을 했던 부모에게 훨씬 더 큰 상처를 받는 경우는 아주 흔하다. 그리고 핵심 매트릭스가 특정 부모와 연결되어 있다면 이 경향은 훨씬 선명하고 뚜렷해진다.

부모를 정말 사랑한다면 그리고 내 자식을 정말 사랑한다면 기꺼이 연결된 매트릭스의 장을 정리하고 분리해야 한다. 진짜 사랑은 매트릭스 안에서 만들어질 수 없다. 그것은 결국 '사랑'을 가장한 집착이 되어 매트릭스의 끈을 더욱 단단하게 만들고 서로의 인생을 조여 올 것이다.

부모가 죽고 사라져도 여전히 부모의 매트릭스를 반복하면서 살아가고 죽은 그 부모는 다음 생에서 또 다른 자식과의 매트릭스를 단단하게 조여 맬 것이다. 하지만 내가 마음으로 부모와의 애착을 정리할 수 있다면 그것은 나만의 자유가 아니다. 그 부모의 진정한 자유까지 만들어주는 것이다.

진짜 사랑은 매트릭스가 사라진 텅 빈 공간에서 일어난다. 그때 진짜 서로의 모습이 보이고 이해되며 깊은 공감이 일어난다. 그리고 그 텅 빈 공간으로 그들의 잠재의식에 영감적인 에너지가 차고 물질적인 모든 것들이 그들에게 가장 유리한 모습을 스스로 취하게 된다.

◆ 온전한 '나'로 살아가기

많은 분들이 나에게 이렇게 질문한다.

"선생님, 부모로부터 분리되어 온전한 나로 존재하라고 하는데 당장 어떻게 해야 하나요? 당장 현실에서 두 분이 싸웠다고 하소연하고 몸이 아프다고 힘들어하시는데 그런 부모님을 어떻게 마음으로 분리할 수 있죠?"

그럼 나는 그분들께 다음과 같이 답변을 드린다.

"함께 있을 때는 잘 챙겨드리세요. 하지만 눈앞에 부모님이 없는 시간에는 부모님을 옆에 두지 마세요."

온전한 '나'로 살아가는 게 부모를 외면하라는 말이 아니다. 말 그대로 현실적으로 부모님이 앞에 계실 때는 함께 챙기고 위로하는 것이 맞다. 본인 또한 그것을 외면했을 때 마음이 편치 않을 것이다.

다만 우리는 대부분 눈앞에 부모님이 없는 많은 시간에도 늘 마음으로 부모를 담고 있다. 걱정하고 고민하고 부모의 힘듦을 되새기며 마치 부모의 인생과 내 인생이 동일시된 것처럼 같이 고달파하고 때론 원망하면서 그렇게 나의 하루를 부모를 담은 채 무겁게 보낸다.

그렇게 정작 부모가 없는 시간 속에서 이미 에너지는 고갈되고 지친 몸과 마음으로 막상 직접 부모님을 만나거나 대할 때는 그 원망과 피로가 터져 나온다.

부모와 이야기를 할 때는 부모를 담고 이야기가 끝나고 돌아설 때는 잊을 줄 알아야 한다. 아픈 부모를 찾아 챙길 때는 정성을 다하고 다시 내 자리로 돌아와서는 온전히 나의 몸과 마음을 챙겨야 한다. 그렇게 부모가 없는 진짜 나의 자리가 생기기 시작해야 내 모습을 찾을 수 있다.

이것은 부모가 자식을 대할 때도 마찬가지이다. 아니 모든 인간관계에 다 적용될 수 있다. 우리가 그들을 정성껏 담아야 하는 시간이 있고 그들을 마음에서 내보내고 온전히 나를 담아야 하는 시간이 분명히 있음을 알아차려야 한다.

이것이 냉정하게 느껴질 수도 있겠지만, 내 몸과 마음의 여유가 먼저라는 사실을 알아야 한다. 내 인생이 온전히 내 자리로 채워질 때 오히려 부모에게 더 정성을 들일 수 있는 힘이 생기게 된다. 24시간 부모를 담고 있다면 우리는 금방 피로해져서 곧 부모에 대한 또 다른 원망이 일어날 것이다.

내 인생을 잃어버리게 되면 먼 훗날 부모가 돌아가셔도 내 인생을 찾지 못한 채 마음속에 부모라는 상처를 짊어지고 살아가게 된다.

부모를 위해서라도 자식을 위해서라도 나 자신의 온전한 자리를 찾자. 우선 각각의 잠재의식을 인정하고 존중하기를 바란다. 자식에게도 부모에게도 실은 진짜 멋진 보호자가 그들 안에 존재하고 있다. 다만 우리가 서로의 매트릭스 속에서 집착으로 살아왔기 때문에 그들의 보호자가 온전히 그 역할을 할 수 있는 공간이 없었을 뿐이다.

이제 각자의 잠재의식에게 그들을 맡기자. 그들 인생의 최고의 전문가이자 보호자이지 않은가. 그럴 때 그들의 인생 또한 가장 완벽한 모습으로 유리하게 흘러갈 것이다.

얼마 전에 있었던 일이다. 어느 날 한 지인에게서 연락이 왔다.

"선생님, 엄마가 갑자기 큰 수술을 하게 되셨어요. 그런데 연세 때문인지 회복도 더디고 수술 합병증까지 생긴 데다 갑자기 멀쩡하던 정신까지 놓으려 하시네요. 정말 어떡해야 할지 하루하루가 막막하고 고통스럽습니다."

어머니의 병으로 몸도 마음도 상당히 지쳐있는 듯했다. 회복은커녕 몸 상태가 계속 안 좋아지기만 하는 상황에 마음의 불안감도 커 보였다. 나는 지인에게 일단 어머니가 없는 시간에는 어머니를 놓으라고 말씀드렸다. 어머니가 없는 시간 동안에는 철저하게 자신에게만 집중하고 챙기라고 말이다.

그 후 그 지인은 병원에서 어머니를 직접 돌보는 시간을 제외하고는 최대한 자신에게 집중하려고 노력했다. 밥도 잘 챙겨 먹고, 직장에서는 일에만 집중했으며 병원에 간병인이 있는 동안에는 친구들을 만나 어울리기도 하는 등 말이다. 그리고 얼마 후 다시 그 지인에게서 연락이 왔다.

"선생님, 정말 신기합니다. 저는 선생님이 저 힘들지 말라고 그렇게 조언해주신 줄 알았어요. 그런데 제가 저만의 시간을 온전히 누리면서 마음이 평온해지자 거짓말처럼 엄마의 병이 호전되었어요. 지금은 완전히 회복하시고 예전 같은 일상을 다시 잘 보내고 계세요. 제 심란하고 무거운 마음이 오히려 엄마의 회복을 더디게 했나 봅니다."

이제 나의 소중한 아이의 잠재의식을 향해 말하라.

"이 아이의 보호자로서 당신을 존중합니다. 당신의 현명함으로 이 아이를 진짜 유리하게 이끌어주기를 바랍니다."

이제 나의 중요한 부모의 잠재의식을 향해 말하라.

"당신의 인생을 존중합니다. 당신의 모든 계획을 존중합니다. 당신의 지혜로 이들의 남은 인생을 보다 평온하게 잘 이끌어주기를 바랍니다."

그리고 나의 잠재의식을 향하여 말하라.

"이제 그들의 인생이 아닌 진짜 나의 인생을 살고 싶어. 그리고 이것이 모두에게 유리함을 이제 알게 됐어. 내 인생을 가장 유리한 모습으로 잘 안내해줘. 나는 내 안의 순수함과 현명함을 믿어."

제3부

미지의 세계
(영혼의 차원)

이제 우리는 물질의 매트릭스를 넘어 드디어 이 신비로운 미지의 매트릭스 속으로 들어왔다. 이곳은 우리가 인식하는 의식적 감각을 넘어서 다른 차원의 문이 열리는 공간이다. 이 공간에서는 우리가 가지고 있었던 많은 물질적인 선입견들이 무너진다.

특히 시간에 대한 획일적인 인식, 공간에 대한 단순한 물질적 이해, 몸에 한정된 감각의 느낌 등 이 모든 것들이 의미 없이 느껴지기도 한다. 그리고 말로 표현할 수 없는 확장된 감각, 시공간을 초월한 듯한 체험들이 실제 현실 밖으로 모습을 드러내기도 한다.

이곳은 말 그대로 미지의 영역이며, 영혼의 차원이며, 우리가 말하는 기적의 근원이기도 하고 신의 에너지에 가장 근접하게 닿을 수 있는 공간이기도 하다.

어쩌면 꽤 많은 사람들이 이 영역을 부정하고 싶을 것이다. 그저 상상이 만들어내는 망상의 세계라고 말이다. 케오라를 만나기 전의 나역시 같은 생각을 했을지도 모른다. 하지만 이미 나는 케오라를 통해그리고 타인의 잠재의식과의 교감을 통해 물질적 이해만으로 설명할수 없는 수많은 체험들을 해왔다.

이 공간을 부정한다는 건 결국 나의 근원, 세상 만물의 근원을 부정하는 것과 같다.

이곳의 여행을 위해서는 이제 본격적으로 우리의 잠재의식의 안내가 필요하다. 우리는 깊은 이완을 통해, 아주 의식적이고 아주 물질적인 것으로부터 점점 더 분리될 수 있다. 깊고 고요한 명상의 상태에 이르렀을 때 우리의 잠재의식은 미지의 세계로 향하는 문을 열어 우리를 안내할 것이다.

앞의 물질 매트릭스의 영역이 '정화'의 영역이었다면 이곳은 '소통'의 영역이다. 해방이나 정화를 위한 적극적인 개입이 아닌 그저 고요한 존중과 교감의 공간이다.

우리의 내적 고요함이 흐트러지지 않은 채 그저 이곳에서 드러나는 매트릭스의 모습들을 존중하고 공감하면 된다. 그것만으로 이곳의 매트릭스들은 충분히 각자의 가치를 발휘하며 우리 인생에 깊이 있는 통찰을 새겨줄 것이다.

비물질 차원 매트릭스의 스토리 : 전생

◆ 결코 끝나지 않은 전생 – 나의 이야기로부터

전생 매트릭스는 우리의 물질세계에 연결되어 실제로 직접적인 영향을 주고 있다.

최면에서 밝혀진 가장 깊은 상태인 울트라 뎁스® 상태(추천사에서 문동규 원장님이 씨코트 상태로 언급한 상태)를 달성하게 되면 '제드'라는 특별한 상태로 유도가 가능한데, 이 상태에서는 실제 전생의 어떤 공간이 그대로 현실 속에서 재연될 수 있다.

단순한 회상이 아니라 아예 전생의 그 공간, 그 인물 속으로 의식이 그대로 들어가는 것이다. 그러니 당연히 그 상태에서는 눈을 뜬 상태로 경험할 수 있으며 전생의 인물이 쓰던 언어를 그대로 사용할 수도 있고 전생의 인물이 가지고 있었던 능력을 그대로 재연할 수도 있게 된다.

나 또한 울트라 뎁스® 상태를 달성한 이후 문 원장님의 제의로 제드 상태를 경험할 기회를 얻었다. (제드 상태를 다룰 수 있는 전문가는 전 세계에서도 극소수뿐이며, 문 원장님은 아시아에서 단 두 명의 울트라 뎁스® 교육자 중 한 명이었기에 이런 경험이 가능했다.)

이런 상태를 주도하는 것은 그 사람의 잠재의식이기에 일반적으로 이 상태를 경험하더라도 상태에서 돌아 나오게 되면 의식은 해당 경험을 기억하지 못한다. 그러나 나의 경우 문 원장님의 부가적인 조치로 이 경험을 의식화시킬 수 있게 되었다.

강의실에서 문 원장님은 나를 제드 상태로 유도하고 계셨고 3명의 다른 선생님들이 각각의 테이블에 앉아 이 모습을 참관하고 있었다.

우선 그 당시 내가 느꼈던 것을 말하자면, 1600년대 후반에서 1700년 초반 즈음, 미국에 살고 있던 40세의 여자(미국에 막 이민 온 부유한 유럽인으로 추정)로서 내 방 침대에 누워있었다. 전형적으로 유럽식의 부유한 느낌이 그대로 묻어나는 화려한 침실에 침대에는 하늘하늘한 캐노피까지 갖춰져 있었고 침대 옆으로는 하녀나 시중드는 아이로 보이는 10대의 빨간 곱슬머리 소녀가 나를 돌보고 있었다.

화려한 방의 모습과는 달리 내 몸은 천근만근이었고 인생에 대한 어떤 미련도 없이 마치 죽음을 앞둔 노인처럼 무기력한 상태였다. 그리고 어느 순간 눈앞으로 이상한 공간이 보이기 시작했다. 밝은 내 침실에 어두운 공간이 슥 겹쳐지더니 이내 몇몇 어두운 그림자들이 나를 보고 있는 듯한 느낌이 들었다. 내 귀 옆으로는 어떤 남자가 연신 알아들을 수 없는 이상한 말들을 쏟아내고 있었다.

'아, 이제 드디어 내가 죽는구나. 나를 데리러 죽음의 정령들이 지금 이 방에 와있구나.'

그렇게 생각하던 찰나, 의식적으로 느꼈던 모든 것들이 갑자기 어떤 구멍 속으로 쑥 빨려들어 갔고 나는 다시 현실로 돌아 나왔다. 엄청난 혼란과 함께 한동안 현실을 자각하기 힘들었는데 진정이 된 후 문 원장님이 말해준 내용은 다음과 같았다.

제드 상태의 전생은 일반적인 가벼운 전생 체험과는 차원이 다른 등급이므로 안전을 고려하여 매우 조심스럽게 접근해야 한다. 따라서 문 원장님은 행복하고 즐거운 경험으로만 제한적으로 접근할 수 있도록 조심스레 나를 이끌었지만 내가 거의 죽어가기 직전 고통스런 상태에 있더라는 것이다.

당황한 문 원장님이 나를 그 상태에서 빠져나오게 한 후 행복하고 즐거운 경험으로 다시금 이끌었으나 이번에도 그 장소, 그 상태로 돌아갔다고 한다. 결국 전생의 부정적인 경험에 깊게 연합되는 위험을 막기 위해 문 원장님은 어쩔 수 없이 급하게 나를 각성시킨 것이었다.

ICS 정화와 소통: 영혼의 매트릭스

전생의 나는 즐거운 시절의 시간을 봉인한 채, 다 죽어가는 무기력한 모습의 나를 고집하고 있었다. 그리고 그제야 알 것 같았다. 내가 봤던 어둠의 정령들은 강의실에서 이 장면을 참관하고 있던 선생님들이었고 내 옆에서 알아들을 수 없는 이상한 말을 속삭이던 남자는 문 원장님이었다.

어쨌든 문 원장님이 나를 신속하게 각성시키면서, 실제로 나는 완벽한 제드 상태를 구현해내지 못한 채 그 경계를 넘어 살짝 머물다가 현실로 돌아온 셈이 되었다. 하지만 시공간의 경계를 살짝 건드린 것의 대가는 실로 엄청난 것이었다. 그 짧은 경계에서 이미 나의 전생 매트릭스는 완전히 풀어져서 현실로 흘러들어오고 있었던 것이다.

우선 나를 가장 당황스럽게 했던 것은 가슴 쪽에서 자해의 흔적이 너무 선명하게 느껴지는 것이었다. 체험 후 갑작스럽게 그 전생의 많은 정보들이 올라왔는데, 이것은 마치 원래 당연하게 알고 있던 기억을 담담하게 떠올리는 것처럼 내 안에서 아주 자연스럽게 느껴졌다.

전생의 나는 출산 이후로 우울증이 시작되었고, 거의 평생을 무기력과 극심한 우울증에 시달리다가 결국 40살, 내가 체험했던 그 장면으로부터 며칠 후 심장마비로 죽게 되었다. 그런데 우울증이 얼마나 심했던 건지 평소 가슴 쪽을 툭하면 날카로운 칼로 자해를 해왔고 그 통증이 지금 현실의 나에게 그대로 재연되고 있었다.

겁이 많아 손가락만 살짝 베어도 호들갑을 떨던 나는, 평소 자해를 하는 사람들을 정말 이해할 수가 없었다. 아무리 고통스러워도 어떻게 스스로 자기 몸을 아프게 하는지 이해가 되지 않았다. 하지만 나는 그 심정이 어떤 것인지 이제는 확실하게 알게 되었다. 전생의 내가 그렇게 해봤으니 말이다.

마치 가슴이 터질 것 같은 답답함이 느껴지는데, 그 시한폭탄 같은 답답함을 풀 수가 없어 고통에 몸부림치다가 날카로운 칼로 그 부분을 슥 그었더니 그 통증 사이로 약간은 답답함이 풀어지는 느낌이 드는 것이다. 그리고 의식에 파고드는 그 통증이 한동안은 마음속의 답답함을 일시적으로 잊을 수 있게 만들기도 했다. 그것에 중독되어 전생의 나는 수십 번 스스로 가슴을 긋고 또 그었다.

어쨌든 이제 나는 자해를 하는 사람들에 대해 예전처럼 쉽게 말할 수 없게 되었다. '얼마나 마음이 고통스러웠으면…'이라는 생각에 더욱 안타깝게 그들을 보게 되었지만, 결코 그것으로 고통이 해방될 수 없다는 사실만큼은 그들 스스로 알았으면 좋겠다.

현실에서의 나는 정확히 한 달 동안 극심한 우울감과 함께 가슴 통증으로 괴로웠다. 정말 정신병자라도 된 듯 실제로 있지도 않은 칼로 가슴을 긋는 통증이 옷을 갈아입을 때마다 느껴졌고, 시린 통증에 달라붙는 옷은 입을 수조차 없었다. 전생의 매트릭스로부터 깨어난 전생의 내가 완전히 지금의 나에게 겹쳐있는 듯한 시간이었다.

그런데 여기서 이해가 되지 않는 부분이 있었다. 전생의 나는 부유한 집에 태어나 예쁜 외모로 뭐하나 빠질 것이 없는 인생이었다. 지금의 나도 출산 후 산후우울증을 경험했지만 그 정도는 아니었고, 사실워낙 체력이 원래부터 안 좋았던 영향이 분명 컸을 것이다.

하지만 전생의 나는 아주 건강한 사람이었는데 왜 갑자기 출산 이후 자해까지 할 정도로 극심한 우울증을 가지게 된 것일까? 직접적인 사망 원인은 심장마비였지만, 평생 무기력함에 누워만 있다가 생긴 지독한 우울증과 그 후유증이 실질적인 원인으로 느껴졌다.

이렇게 죽음으로 이어진 깊은 우울감은 정작 전생의 나조차도 그 이유를 알지 못하는 듯했다. 어쨌든 한 달 정도 지나면서부터는 서서히 전생의 내가 옅어지고 현실적인 안정감을 다시 찾게 되었다. 하지만 그 이후로 다시 제드 상태를 시도해볼 엄두는 나지 않았다.

그리고 더 신기했던 것은 제드의 후유증이 비단 나에게만 일어난 게 아니라는 것이다. 제드 상태를 재연할 때 그 공간에 있었던 모든 사람들이 그 직후 극심한 두통과 피로감을 호소했으며 실제 현실에서도 혼란을 경험하게 되었다.

평생 건강하던 분이 일주일 동안 극심한 몸살로 앓아눕기도 하고 또 어떤 분은 직장에서 갑작스럽게 작은 사고가 터져 수습하느라고 애를 먹기도 하고 특히 작업을 유도했던 문 원장님은 이틀간 깨질 듯한 두통이 지속되었으며 평소 그렇게 점잖은 분이 주차 중에 큰 시비에 휘말려 경찰까지 부르게 되었다.

이에 대해 케오라는 '비물질 차원의 전생 매트릭스가 물질적인 매트릭스를 뚫고 현실로 터져 나오게 되면서 엄청난 스파크가 발생했고 모두 그것에 노출되어 일어난 현상'이라고 했다.

전생의 그 깊은 우울감의 원인은 1년이 지나갈 무렵의 어느 날, 드디어 베일이 조금씩 벗겨지기 시작했다. 평온히 책상에 앉아 책을 뒤적거리는데, 갑자기 훅하고 어떤 한 장면이 선명하게 느껴졌다.

그것은 너무나 선명해서 마치 눈앞에 켜진 홀로그램을 보는 듯했는데, 중세 시대로 보이는 옷차림의 사람들이 테이블에 앉아 이야기를 나누고 있는 장면이었다. 그중 두 명은 나이가 제법 있는 중년의 부부로 보였고 그들에게 어떤 조언을 해주고 있는 듯한 또 한 명의 젊은 갈색 머리의 여자가 있었는데, 갑자기 그 장면에서 그 여자의 이미지가 점점 커지기 시작하더니 이내 내 안으로 쑥 들어오는 듯한 느낌이 들었다. 그리고 곧 그 전생의 긴 스토리의 일부가 원래 알고 있었던 내 기억처럼 깨어났다.

그 중세 시대의 갈색 머리 젊은 여자는 20대 중반의 미혼모로 돌이 갓 지난 아들을 두고 있었다. 미천한 신분으로 태어나 결국 미혼모의 삶을 살고 있었지만 워낙 지혜롭고 현명한 탓에 마을 사람들의 어려운 일들을 도맡아 도와주고 있었다. 그때 보였던 중년의 부부 또한 망나니 아들 때문에 나를 찾아와 조언을 구하고 있던 참이었다.

현실의 나는 이즈음에서 더 이상 전생을 알고 싶지 않다는 이상한 거부감이 일어났다. 직감적으로 이 전생이 우울증을 겪었던 전생 바로 직전에 연결된 생이며 결국 그렇다면 그 극심한 우울감의 사건이 이곳에서 생겼을 거라는 느낌이 들면서 말이다.

이미 그 후유증을 호되게 경험해본 나로서는 사는 데 전혀 중요하지 않을 것 같은 이 전생 이야기를 더 이상 알고 싶지 않았다. 그냥 봉인해놓고 싶었다. 어차피 사실 확인도 되지 않는 것들인데 그저 망상이라고 치부해버리면 끝이지 않나 싶었다.

하지만 케오라는 집요하게 그 장면을 올려주고 또 올려줬는데 나중에 알고 보니 다 그럴만한 이유가 있었다. 사실 나의 핵심 매트릭스는 바로 전생이었던 것이다. 케오라는 나를 설득했다.

"네가 문 원장님을 만나고 제드 상태를 경험하게 된 것은 결코 우연이 아니야. 우리의 핵심 매트릭스를 풀기 위해 미리 계획된 거였어. 그리고 이제 그

걸 풀 때가 된 거야. 네 손으로 그 아픈 사연들을 기꺼이 풀어줄 수 있겠니?"

결국 나는 그 장면들을 다시 허용하기 시작했다. 내가 직면한 그 전생의 스토리는 생각보다 훨씬 아프고 잔인한 것이었다.

중세 시대 전생의 어느 날, 소나기가 쏟아졌다가 다시 해가 떴다가 다시 소나기가 쏟아졌다가 다시 해가 뜨는 참 유난스럽고 이상했던 날의 오후 무렵이었다.

갑자기 밖에서 요란한 소리가 들리더니 열댓 명의 사람들이 갑자기 문을 박차고 들어왔다. 그들은 나를 향해 마녀라고 소리쳤고 이내 나는 반항할 새도 없이 아이와 함께 묶여서 밖으로 끌려나갔다. 누군가가 내가 이상한 마법을 부려서 사람들을 홀리고 있다는 소문을 낸 모양이었다. 아마도 평소 마을 사람들이 나에게 조언을 구하기 위해 드나들고 고마운 마음에 음식이며 옷감이며 귀한 것들을 가져다주니 이를 시기했던 것 같다.

소위 '마녀사냥'을 당하게 되었는데 그들은 일반적으로 마녀사냥 하면 떠오르는 광장에서의 화형 장면과는 달리, 나와 내 아들을 깊은 산 속으로 데리고 들어갔다. 지금 생각해보면 그들 또한 자신들의 행동이 그리 떳떳하지 않다는 것을 알고 있었고 이 모든 것을 은폐하기 위해서였던 것 같다. 광장으로 데리고 나와서 사람들에게 공개하면 그 속에는 틀림없이 나에게 도움을 받았던 사람들이 내 편을 들 수도 있었기 때문이리라.

그들에게 끌려가는 길은 생각보다 멀었고 나는 걸어가면서 기적을 바라고 또 바랐다. 단 한 명이라도 정신을 차리고 나를 가엽게 여겨서 우리를 구해주지 않을까 싶었다. 하지만 잔인하게도 그 먼 길 끝에 도달한 숲 속 한 곳에는 이미 깊은 웅덩이가 파여있었고 이내 나와 내 아들은 그곳으로 밀려 떨어졌다. 그리고 사람들은 바쁘게 흙을 뿌리기 시작했다.

소나기가 쏟아진 뒤라서 그런지 웅덩이 안은 물로 축축했고 내 얼굴과 어깨 위로 떨어지는 흙들은 차갑고 끈적거렸다. 그 흙의 끈적이는 느낌이 마치 죽음을 부르고 있는 것 같아서 미친 듯이 소름 돋고 싫었다. 흙 속에서의 죽음은 생각보다 천천히 진행되는 듯했고, 그 덕에 나는 인간에 대한 회의감과 지키지 못한 자식에 대한 죄책감이 아주 서서히 그리고 영혼 깊이 스며들었다.

현실의 나는 갑자기 발작하듯 가슴이 뛰었고 숨이 막혔다. 온몸에 피가 거꾸로 쏟는듯했고 슬픔과 분노의 눈물이 터져 나왔다. 나는 평소 사람들에게 "인간으로서 경험할 수 있는 가장 잔인한 경험은 자식이 먼저 죽는 것입니다"라는 말을 종종 해왔다. 하지만 내 품에서 죽어가는 자식을 지킬 수 없는 고통은 그 이상으로 더 잔인하게 느껴졌다.

이렇게 생각지도 못한 잔인한 고통은 우리 인생 속에서 매우 많이 벌어진다. 그리고 그 고통은 고스란히 다음 생으로, 또 다음 생으로 흘러들어 간다. 결국 내가 제드 상태에서 경험했던, 우울증으로 죽어가던 생 또한 그 원인으로 고통이 반복되고 있었던 것이다.

나는 아들의 죽음에 대한 아픔을 고스란히 간직한 채 다시 태어났고, 다시 출산한 아이를 보면서 무의식 깊은 곳에 존재하고 있었던 내 품에서 죽어간 자식의 매트릭스가 자극되었을 것이다. 그러니 그 죄책감을 감당할 수 없어 가슴을 그리 잔인하게 자해했을 것이다. 그리고 그 매트릭스가 현생의 나에게 연결되어 또다시 출산 후 우울감으로 드러나게 된 것이다.

한편 여기에서 생각지도 못한 또 하나의 의문이 풀렸다. 나에게는 아주 오래전부터 작은 동물이나 작은 아기를 잘 안지 못하는 이상한 증상(?)이 있었다. 보기만 할 때는 좋은데 아기를 안으려고 하면 이상한 거부감이 올라왔다.

이는 내 품에서 작은 생명이 죽을지도 모른다는 불안감, 즉 마녀사냥으로 몰린 전생의 품에서 죽어간 아이에 대한 기억이 원인이었고, 전생을 알게 된 후 증상이 완전히 사라지게 됐다.

만약 이 생에서 내가 정화를 하지 않고 케오라를 만나지 못했더라면 나 또한 그 깊은 매트릭스에 발목 잡힌 채 평생 원인 모를 우울감으로 서서히 죽어갔으리라.

전생을 알고 나면 이 생의 많은 의문점이 한 번에 풀려나가기도 한다. 그것은 마치 미완성의 퍼즐 조각을 찾아서 내 인생의 진짜 모습을 확인하는 것과 같다. 이 조각의 퍼즐을 못 보고 살 때는 도저히 이해되지 않았던 이 생의 수많은 것들이 비로소 이 미지의 조각을 보게 됨으로써 그 아귀가 맞아떨어지는 것이다.

그리고 이 생에서 이유 없이 나를 괴롭혀왔던 경험, 인연, 내 마음들의 정체인 그 퍼즐 조각을 지금 내가 정화해야 이 생에서 진짜 평온을 누릴 수 있다는 것을 비로소 우리는 알게 된다.

앞서 비물질 차원의 매트릭스가 물질 차원으로 넘어오게 되면 강력한 스파크가 일어난다고 언급했다. 그리고 나는 그 후 그 스파크를 현실에서 두 번이나 더 확인할 수 있었다.

우선 부끄러운 고백을 하나 해야 할 것 같다. 위의 전생들을 알게 된 후 얼마 뒤, 나는 우연히 '리임프린팅(재각인) 기법'에 관련된 책을 읽게 되었다. 그것은 오래된 과거의 기억을 완전히 새로운 기억으로 재입력할 수 있다는 기법이었는데, 당시 나는 전생에 이것을 시도해 보고 싶은 강한 욕심이 올라왔다. 그리고 바로 작업을 하기 시작했다.

솔직히 말하자면 너무 보잘것없는, 아픔으로 가득한 전생들이지 않나. 이것들을 새롭게 바꾸면 마치 신분 세탁을 한 듯 내 인생도 승승장구할 것만 같았다.

마녀사냥으로 몰려 죽임을 당했던 전생은 아주 귀한 신분으로 태어나 아들을 훌륭하게 잘 키워낸 멋진 삶으로 바꿨고, 우울증으로 죽었던 전생은 가족들과 즐겁게 오래오래 사는 것으로 바꿔버렸다.

무식하면 용감하다고 했던가. 그 작업을 열심히 해놓고는 마음이 아주 흐뭇했는데, 그 평온은 하루를 넘기지 못하고 산산조각이 났다.

그날 오전, 친구랑 극장에 가서 영화를 보고 있었는데 갑자기 스파크가 살짝 튀더니 모든 전기가 나가버렸다. 이내 복구가 힘드니 환불받아서 나가라는 안내가 나왔다. 살면서 이런 황당한 경우는 처음이었다. 그렇게 극장에서 나와 친구의 차를 탔는데 갑자기 퍽 소리가 나더니 브레이크가 터졌다. 결국 우리는 견인차를 불러 끌려가야만 했다.

그리고 집으로 돌아와 엘리베이터를 타고 올라가는데 갑자기 쾅! 하는 소리와 함께 불이 꺼지면서 엘리베이터가 멈춰버렸다. 그리고 나는 그 속에 갇혀 공포의 수십 분을 보내야 했다.

뿐만이 아니다. 차 브레이크가 고장 났던 그 친구는 조그마한 식당을 운영하고 있었는데, 그날 가게 문을 열기 위해 포스기계를 켰더니 한 번도 고장 난 적 없었던 기계가 갑자기 먹통이 되어버렸단다. 나는 뭔가 잘못되고 있다는 강한 느낌이 들기 시작했고 곧 케오라는 그런 나에게 이렇게 말했다.

"네가 전생의 그들을 향해 무슨 짓을 했는지 봐…"

그제야 간담이 서늘해졌다. 내가 전생의 매트릭스를… 감히 그 생생한 매트릭스를 내 마음대로 내 욕심대로 뒤죽박죽 만들어버렸던 것이다.

나는 즉시 눈을 감고 고요하게 내면으로 들어갔고 전생의 그들을 불러서 진심으로 사과했다. 누군가가 나를 보고 미천하고 못생겼다며 없애버리려 한다면 내 마음은 어떨까…. 결국 마녀로 몰아 그녀를 죽인 그들과 지금의 내가 무엇이 다른가…. 나는 다시 한번, 상처받은 전생의 인격에게 또 다른 상처를 준 것이다.

하지만 참 다행스럽게도 마녀로 몰려 희생되었던 그 현명한 전생 인격은 나를 향해 미소 지으며 말했다.

"너는 우리가 아니야. 너는 우리로 살 필요가 전혀 없어. 착각 속에 연결되어 있었을 뿐이야. 이제 그 끈을 분리해. 그럴 때 우리의 인생도 온전히 마무리될 거야. 전생의 매트릭스는 그렇게 풀어내면 되는 거야."

이후 이 경험들의 통찰로 인해 나는 ISIP(ICS 영적 통찰 프로세스™)라는 이름의 스피리츄얼 최면과정을 탄생시키게 되었다. 이 프로세스는 내가 직접 체험하고 또 케오라와 교감하면서 알게 된 메시지들을 바탕으로 만들어졌으며, 우리가 내면에서 설 수 있는 모든 영적인 자리에서 스스로 다층적인 통찰을 얻게 하는 프로그램이다.

이것으로 나는 많은 사람의 영적인 내적 체험에 동참하게 되었고 케오라로부터 들어왔던 미지의 세계에 대한 여러 정보를 실질적으로 확인하게 되는 계기가 되기도 했다.

다시 돌아와서, 차원에서 일어나는 스파크에 대한 마지막 경험을 이야기해볼까 한다.

어느 날 밤, 베란다에 앉아 차를 마시면서 조용히 정화를 즐기고 있던 참이었다. 그때 무심코 밤하늘과 세상의 풍경을 바라보고 있는데 그 익숙한 풍경이 갑자기 아주 이상하게 느껴졌다.

내가 보고 있는 저 풍경이 진실인가…. 저것들의 색깔과 모양이 정말 진실인 건가…. 우리가 밝혀내고 있는 우주의 모습은 정말 신의 작품 그대로인가. 우리는 신의 작품을 제대로 보고 있는 것인가….

참 뜬금없는 생각이었다. 하지만 이윽고 벽을 타고 열심히 움직이고 있는 아주 작은 벌레 한 마리가 내 시야에 들어오면서 그 황당한 생각을 더 부추겼다.

그 작고 하찮은 벌레는 마치 선이라도 그어져 있는 것처럼 정확하게 일직선을 유지하면서 열심히 한 쪽 방향으로 기어가고 있었다. 너무나 작고 또 작은 크기만큼이나 아무런 생각이나 의지 없이 그저 또 가고 또 가고를 단순 반복하고 있는 것처럼 보였다.

그런데 잠시 후 놀랍게도, 갑자기 열심히 가던 벌레가 멈춰 서는 것이다. 그리고는 마치 무엇을 심각하게 고민하듯 한참을 가만히 있다가 이내 다시 결심한 듯 방향을 90도로 틀어서 내려오기 시작했다. 그렇게 열심히 내려오다가 또 갑자기 멈춰 섰다. 그리고는 또 한참을 고민하듯 가만히 있다가 이번에도 어떤 결심을 한 듯 다시 돌아왔던 곳으로 올라가기 시작했다. 그리고는 다시 원점으로 돌아와서는 원래 가고 있던 방향, 일직선으로 가기 시작하는 것이다.

더욱 놀라운 건 케오라의 말에 의하면 그 벌레가 그렇게 고민하고 방황했던 이유가 자신을 바라보고 있는 나의 시선 때문이었다는 것이다. 고차원적인 나의 시선이 어쩌면 벌레의 그 무엇을 자극했을지도 모른다. 어쨌든 그 벌레의 행동은 분명 고민과 시행착오 그리고 자신이 가야 하는 방향에 대한 알아차림의 성장으로 보였다.

이 장면은 나에게 꽤 큰 충격을 안겨줬다. 고민하고 계획하고 변덕을 부렸다가 후회하고 그렇게 시행착오를 경험하며 성장해나가는 우리와 다를 게 무엇인가. 그리고 저 벌레가 만약 나를 본다면 어떻게 인식할까…. 내 모습 그대로를 볼까….

'저 존재는 파란색 바지와 회색 티를 입고 있군. 머리카락은 까만색이군.'

당연히 뿌옇게… 잘은 모르지만 그들의 인식체계로 완전히 다른 나를 볼 것이다. 그리고 당연히 이 베란다라는 공간을 본다면 그들의 2차원적인 인식으로 완전히 다른 모습으로 인식될 것이다. 그렇다면 우리가 보고 믿고 사실이라고 말하고 있는 그 모든 것의 진실은 무엇인가….

순간 내가 앉아있는 공간이 수십 개의 매트릭스 차원으로 갈리는 것처럼 느껴졌다. 결코 이게 다가 아니다. 지금 이 공간에는 2차원 벌레들의 공간, 3차원 나의 공간 그리고 동시에 과거, 현재, 미래의 공간이 겹쳐있는 수십 개의 입체적인 매트릭스가 존재했다.

그리고 또 4차원… 5차원… 6차원… 어떤 존재들이 지금의 나를, 이

3차원의 공간을 지켜보고 있을지도 모른다. 내가 벌레를 지켜보고 있었던 것처럼 말이다. 갑자기 현기증이 일어났다. 도저히 감당할 수 없는 어떤 세상에 대한 이야기들 같았다.

'나는 그저 개미일 뿐이야… 더 깊이 생각하는 건 의미 없는 일이야.'

나는 이렇게 생각하며 머릿속의 혼란을 재빨리 정리해버렸다. 그리고는 방으로 들어왔는데 그런 나를 향해 케오라가 말했다.

"너는 방금 특별한 개미가 되었어. 2차원을 벗어나 3차원을 인식하게 된 개미… 그것처럼 넌 방금 아주 특별한 매트릭스의 차원을 건드린 거야. 그리고 곧 그것에 대한 스파크가 현실에서 보여질 거야."

그리고 정말 5분쯤 지났을 때 갑자기 창문 밖에서 엄청나게 큰 굉음이 들렸다. 쾅! 하는 큰 소리와 함께 집안의 모든 불이 순간적으로 정전되었다. 폭탄이라도 떨어진 걸까? 놀란 마음으로 창밖을 내다보니 동네 모든 집에 불이 나가 정전이 되었고 사람들도 놀란 듯 창밖으로 다 고개를 내밀고 있었다. 하지만 순간 불은 다시 정상으로 들어왔다.

그리고 나는 바로 한 블록 떨어져 사는 동생에게 전화를 걸어 정전이 되었는지 확인했지만 그쪽은 정전이 일어나지 않았다 했다. 결국 내 주변의 반경 안에서만 일어난 일이라는 것을 알게 되었다.

이 모든 것이 그저 우연의 일치였을까? 그렇다면 신이 더 이상 얼마나 더, 몇 번의 신호를 줘야 우리는 눈치챌 수 있는 걸까? 눈에 보이는 세상이 다가 아니라는 것을 말이다. 어쩌면 내가 제대로 미쳐가고 있는지도 모른다는 생각이 들었지만 나는 그때 결심했다.

'이 생에서는 정상으로 보여지는 것에 더 이상 집착하지 말자.'

그 후로 나는 ISIP(ICS 영적 통찰 프로세스™)를 통해 타인의 전생 매트릭스를 수없이 풀어왔다. 그리고 전생과 현생을 동시에 바라보며 생과 생으로 반복되고 있는 공통된 패턴을 분석해나갔고, 그 과정에서 현생의 원인 모를 현상들에 대한 근본 사연들을 전생에서 종종 확인할 수 있었다.

무기력함에 익숙해져서 많은 것을 놓치고 살아가는 현생의 습관 뒤에는 일생 몸의 활동 없이 정신적인 수행만 매진해오던 전생의 사연이 있었다. 정신 수행에만 몰두했던 전생의 그는 시간이 지나면서 점점 몸이 둔감해지기 시작했고 어느 순간 인생의 활동이 거의 멈출 지경에 이르렀다. 그렇게 되고서 맞이한 임종의 시점에 그는 큰 후회를 했지만 이미 늦었다. 왜냐하면 그의 몸에 새겨진 무기력함이 이미 다음 생으로 흘러가고 있었기 때문이다.

전생의 그는 현생의 의식에게 진심으로 조언했다. 당신은 몸에 갇혀 살지 말고 많은 활동을 하면서 살라고. 그래야 진정 인생을 제대로 누릴 수 있게 된다고 말이다.

어느 날 갑자기, 물에 빠져 질식할 듯한 죽음의 공포가 강하게 느껴졌고 그 증상은 점점 심해져서 결국은 인생을 위협하는 공황장애를 일으키게 된 이가 있었다. 태어나서 한 번도 물에 빠진 적이 없었는데, 이상하게도 물에 빠진 상태에서 숨통을 조여오는 그 끔찍한 느낌이 너무나 선명해서 소름이 끼칠 지경이었다고 한다. 마치 실제로 얼마 전에 그런 경험을 생생하게 겪었던 사람처럼 말이다. 공황증상 자체도 힘들었지만 그를 더 힘들게 하는 것은 왜 자신에게 갑작스럽게 그런 상황이 벌어졌는지에 대한 의문이었다. 얼마나 답답한 노릇인가.

'왜 나에게 이런 일이…'

하지만 세상에 원인 없는 결과란 없다. 그가 느낀 죽음의 공포 뒤에는 큰 홍수에서 물에 빠져 죽은 전생의 사연이 연결돼있었다.

잘 살던 어느 날 마을에 큰 홍수가 났고 그로 인해 모든 가족이 순식간에 물에 빠져 죽어버렸다. 그 육체적 고통과 공포, 한순간에 가족들이 다 사라진 뒤 혼자 고통스럽게 죽어가면서 느꼈던 그 끔찍한 두려움이 고스란히 한으로 남아 다른 생으로 흘러간 것이다. 그리고 어느 날 현생의 의식 속에서, 전생에서 갑작스럽게 닥친 홍수처럼 갑작스럽게 공포의 감정이 몰아쳤다. 예고 없이 들이닥친 천재지변처럼 말이다.

어릴 때부터 사주를 보면 늘 한결같이, 남편복도 많고 돈복도 많아서 잘 살 것이란 이야기를 들어온 여성이 있었다. 그런데 정작 현실 속 본인은 40대에 접어들도록 결혼도 못 하고 늘 빠듯하게 일하며 겨우 먹고 살고 있었다. 그리고 그는 ISIP를 통해 두 번의 전생을 경험하게 되었다.

첫 번째로 경험한 전생은 마치 이집트 시대에서나 볼 법한 황금색의 화려한 방이 나왔다. 머리끝부터 발끝까지 황금으로 치장하고 화려한 옷을 입고 있는 그녀는 어느 나라 왕의 부인이었다고 한다. 그런데 워낙 안하무인에 다혈질인 성격 때문에 주변 사람들을 힘들게 하고 아랫사람들을 막 대해서 결국 반란이 일어나 방에 평생 갇히게 되었다고 한다. 자신의 재산, 황금, 화려한 옷들은 여전히 넘쳐나지만 정작 평생 방에 갇혀 쓰지도 못하는 신세가 된 것이다. 사주에 큰 복은 넘치게 타고났지만, 실제 인생에서는 못 써먹는 현생과 닮아있었다.

그리고 다음으로 경험한 전생은 우리나라의 조선시대였다. 양반집 딸에 남부러울 것 없이 부유하고 부모에게도 사랑을 많이 받고 있었다. 10대의 어느 날 자기가 원하는 것을 들어주지 않는 부모에게 단단히 화가 나 있었다. 날이 갈수록 그 화는 점점 커졌고 결국 말 그대

ICS 정화와 소통: 영혼의 매트릭스

로 사고를 쳤다. 홧김에 목을 매어 자살을 시도한 것이다. 그리고 그녀는 죽어가면서 울부짖었다. 사실은 죽고 싶지 않은데 막상 이렇게 쉽게 죽을 줄은 몰랐다고 울부짖으며 자신의 감정적인 경솔한 행동을 후회했지만 때는 이미 늦어버렸다.

그는 전생 인격들의 성향이 지금 자신의 모습과 닮은 부분이 꽤 있다고 인정했다. 아마도 그의 그런 성격이 달라진다면 그 많은 복이 드러나지 않을까….

물론 순수한 전생의 매트릭스를 만나기 위해서는 우선 아주 깊은 내적 이완과 고요함이 전제되어야 한다. 그리고 실제 ISIP 과정 또는 명상에서 얻을 수 있는 내적 깊이는 사람마다 다 다를 수 있다. 그렇기에 섣불리 이 모든 경험을 '사실'로 단정 지을 수는 없다.

하지만 나는 확신한다. 깊은 이완이나 명상 속에서 만나는 전생의 이야기는 객관적 사실 여부를 떠나 적어도 잠재의식이 그들의 현재의 의식에 보내는 그들만의 아름다운 통찰을 담은 메타포(은유)라는 것을 말이다. 그리고 우리는 그저 잠재의식이 보내는 그 아름다운 메시지를 알아차리기만 하면 된다.

언젠가 케오라가 나에게 이렇게 이야기했다.

"과거의 문이 제대로 열리면 그때 미래의 문도 제대로 열리게 돼."

과거가 흐르지 않으면 모든 시간은 그 자리에서 멈추게 된다.

◆ 전생의 그가 현생의 나에게 – 그들의 이야기

다음은 ISIP 상담을 진행하면서 만날 수 있었던 그들의 몇몇 전생 이야기들이다. ISIP는 깊은 최면에서 진행하는 작업이며 아래의 대화들은 충분한 깊이가 확보된 최면 상태에서 진행된 대화임을 참고 바란다.

30대 후반의 이 선생님은 삶에 대한 오랜 권태감, 불안감, 주체적이지 못한 인생에 대한 피로감 등을 호소했다. 열심히 최선을 다해 살아왔지만 늘 타인의 세상에 얹혀사는 듯한 느낌이라고 했다. 그렇게 열심히 일하는 직장에서도 정작 자신의 자리는 없는 것 같고, 집에서도 가족들의 자리만 있을 뿐 온전히 쉴 수 있는 내 자리는 없는 듯 불편하다고 했다.

영현 : 지금 어디에 있나요? 주변은 어떻게 느껴지나요?

내담자 : 음… 밝지는 않아요. 작은 나무집에 있어요. 주변에 누군가 있는 것 같아요.

영현 : 본인은 여자인가요? 아니면 남자인가요? 그리고 몇 살쯤 됐을까요?

내담자 : 전 여자예요. 20살이고요.

영현 : 당신은 어떤 옷을 입고 있나요? 당신이 있는 곳은 어디인가요?

내담자 : 허름한 드레스요. 음… 정확히 어딘지는 모르겠지만….

영현 : 혹시 당신의 이름을 알 수 있을까요?

내담자 : 다들 저를 '나나'라고 불러요. 애칭 같아요.

영현 : 좋아요. 나나, 주변에 있는 사람들은 누군가요?

내담자 : 어린 동생들이요. 남동생도 있고 여동생도 있어요. 부모님은 다 돌아가셔서 제가 돌보고 있어요. 동생들이 아직 다들 어려서 제가 잘 보살펴야 해요.

영현 : 아, 그렇군요. 지금 당신의 기분이나 마음은 어떤가요?

내담자 : 마음이 좋진 않아요. 저도 공부를 하고 싶어요. 그런데 할 형편이 못 돼요. 동생들을 돌봐야 하거든요. 그래서 돈을 벌어야 해요. 지금은 빵집에서 빵 만드는 일을 돕고 있어요.

영현 : 나나, 이제 잠시 후에 제가 숫자를 세면 당신은 셋이 되는 시점에 이생의 마지막 임종을 앞둔 곳으로 가게 될 겁니다. 자, 하나… 둘… 셋… 당신은 지금 몇 살인가요?

내담자 : 60대 중반이에요. 침대에 누워있어요.

영현 : 이 생에서 결혼관계는 어땠나요?

내담자 : 평생 동생들 돌보느라 결혼을 할 수가 없었어요.

영현 : 아, 그렇군요. 그럼 동생들은 어떻게 살고 있나요?

내담자 : 다들 아주 잘살고 있어요.

영현 : 임종을 앞둔 당신의 마음은 어떤가요?

내담자 : 후회스러워요. 평생 내 인생이 없었어요. 동생들만을 위해 희생하며 살았는데 걔들은 그걸 몰라요. 정말 팍팍한 삶이었어요. (눈물)

영현 : 만약에 다시 태어난다면 어떻게 살고 싶나요? 지금처럼 누군가를 위해서 또 희생하면서 살 건가요?

내담자 : (강한 어조로) 아니요! 해보고 싶은 것들 맘껏 하면서 살아보고 싶어요.

영현 : 나나, 제 이야기를 한번 들어보세요. 당신은 어쩌면 이것으로 모든 것이 끝났다고 생각할지도 몰라요. 그런데 사실은 그렇지 않습니다. 당신의 지금 그 감정과 생각, 기억들이 다른 생으로 연결되어 흘러갑니다. 제가 당신의 기억을 마치 자기 것인 양 꽉 쥐고 살아가는 생의 의식을 잘 알고 있습니다. 그 의식은 지금의 당신처럼 누군가를 위해서 늘 당연한 듯 희생하려고 해요. 당신처럼 자신의 인생을 제대로 살지 못하고 있어요. 재능도 많고 하고 싶은 것도 많은 사람인데 주변에 맞추고 사느라 마음으로 몸으로 많은 걸 희생하고 있답니다. 어때요? 당신이 그 생의 의식을 만나서 직접 이야기해줄 수 있나요?

내담자 : (눈물) 안타까워요. 제가 이야기해줄 수 있어요.

영현 : 감사합니다. 자 앞을 보세요. 저기 젊은 여자가 보일 거예요. 어때 보여요?

내담자 : 지쳐 보이네요.

영현 : 방금 당신이 말했듯이, 이제는 전생의 기억을 반복하려고 하지 말

ICS 정화와 소통: 영혼의 매트릭스

고 자신의 인생을 살라고 이야기해주세요. 이 기억은 어디까지나 당신의 기억이잖아요. 그리고 당신은 충분히 잘해냈어요. 그것으로 된 거예요. 그걸 반복할 필요는 전혀 없답니다. 스스로 인정해주고 이제는 편하게 쉬면 됩니다. 편하게 쉬면서 다음 생의 의식이 어떻게 사는지를 재밌게 지켜봐주세요.

내담자 : 네, 알겠습니다. (현생의 의식에게) 당신은 그렇게 살지 마. 이건 내 인생이었어. 당신하고는 상관없어. 그리고 난 이제 마무리 잘했어. 그러니 이제부터는 진짜 당신 인생을 살아. 나는 당신이 내가 못했던 것들을 다 누리고 살았으면 좋겠어. 나처럼 살지 마.

영현 : (현생의식을 향해) 전생의 인물로부터 이야기 들으니까 어때요?

내담자 : (현생의식의 입장) 네, 맞아요. 앞으로는 자유롭고 즐겁게 살 거예요.

영현 : (현생의식을 향해) 당신은 전생의 기억으로 살고 있었어요. 그러면서 비슷한 상처만 반복된 거예요. 이제 당신은 중요한 사실을 알게 되었습니다. 과거로부터 온 기억들을 내 것인 양 착각하고 반복하면서 살아가는 것은 결코 모두에게 유리하지 않다는 것을 말입니다. 진정한 해방은 전생의 의식이 그토록 누리고 싶었던 자유와 즐거운 삶을 당신이 온전히 누리는 거예요. 그렇게 사는 본인의 모습을 보는 것만으로 전생의 상처는 풀어지게 됩니다. 전생의 나나를 위해 마치 형제처럼 나를 지켜보고 응원해줄 그를 위해, 나나가 누리지 못했던 즐겁고 자유로운 본인의 삶을 온전히 누리세요. 그것으로 충분합니다. 그리고 최선을 다해서 살아온 나나에게 마지막으로 잘했다고, 고맙다고 이야기해주세요.

내담자 : (현생의식 입장에서) 당신은 최선을 다해 잘 살았어. 정말 고마워. 그리고 이제 내가 어떻게 살아야 할지 알겠어. 이제 나는 진짜 내 인생을 즐겁게 살 거야. 항상 지켜봐 줘.

자신을 제대로 돌보지 않고 가족들의 삶을 자신의 인생인 양 여기며 살았던 전생의 매트릭스를 보면서 그는 지금의 인생도 비슷하다고 말했다. 어린 시절, 강압적인 양육자의 비위를 맞추기 위해 자신의 생각과 감정은 늘 억압해왔고 그렇게 무기력해진 내면은 커서도 여전히 타인들의 기준, 세상이 말하는 틀 속에서 자신을 억압하고 스스로를 잃어버린 채 세상에 맞춰 무미건조하게 살아왔다.

그는 전생인격인 나나와의 작업을 통해 행복하게 살아야 하는 강력하고도 새로운 동기를 부여받았다. 지금 이생에서 내가, 이 무거운 틀을 벗어내지 못한다면 그녀는 다시 나나의 허전함을 반복할 것이며 아마 앞으로 이어질 수백 년의 삶에서도 온전한 자신의 인생 없이 타인의 삶을 힘겹게 짊어지고 살아갈 것이다.

실제 그는 작업 후 아주 많은 변화를 경험했다. 정말 자신을 위한 삶이 무엇인지를 알게 되었고 현실적으로도 놀랄만한 변화가 일어났다. 직장에서 그는 더 이상 설 곳 없는 이방인이 아니라 아주 중요한 위치에서 존중받는 사람이 되었다. 그리고 가족들이 호의적으로 변하고, 집에서 또한 온전히 자신의 자리에서 쉴 수 있게 되었다. 유독 봄

날이 너무나 아름답게 느껴진다는 그의 감사 안부 메일을 며칠 전에
도 기분 좋게 받을 수 있었다.

　　나를 찾아온, 어떤 선생님은 삶의 목적을 찾고 싶다고 했다. 분명 자
신에게 의미 있는 무언가가 있을 것 같은데 그것을 찾지 못해 늘 답답
한 마음이라고 했다. 그러니 매사 현실에서도 의욕이 없고 감정적으
로도 메말라 있었다.

영현 : 당신은 남자인가요? 여자인가요?

내담자 : 어… 여자인 것 같아요.

영현 : 그럼 당신은 몇 살인가요? 어떤 옷을 입고 있나요?

내담자 : 음… 정확하게는 모르겠지만… 10대예요. 옷은… 비단 한복을 입
고 있어요.

영현 : 가족들이 있나요?

내담자 : 부모님이 있어요.

영현 : 부모님은 어떤 사람들인가요?

내담자 : 아버지는 고위관료세요. 신분이 높은 양반집이고, 저는 부모님
의 사랑을 듬뿍 받는 귀한 외동딸이에요. 사람들이 저를 아씨라고 부르네
요. 제 삶은 재밌고 행복합니다.

영현 : 당신은 어떤 사람인가요?

내담자 : 저는 쾌활한 사람이에요. 거침없는 성격이고요.

영현 : 아, 그렇군요. 이제 우리는 잠시 후에 시간을 진행해 이번 생에 당

신의 임종 시점으로 갈 것입니다. 제가 숫자를 세면 당신은 셋이 되는 시점에 죽음을 앞둔 임종의 순간에 있게 됩니다. 하나… 둘… 셋! 당신은 몇 살인가요?

내담자 : 70대입니다.

영현 : 이번 생에서 결혼관계는 어땠나요?

내담자 : 혼인은 하지 않았습니다.

영현 : (적어도 조선 시대 이전일 것으로 추측되고 그 시절에는 여자의 결혼이 거의 부모님이나 집안의 강요로 이루어졌을 것이므로) 주변에서 결혼하지 않는 것에 대해 반응은 어땠나요?

내담자 : 저는 동네의 미천한 아이들을 예뻐했어요. 그래서 그냥 그 아이들을 돌보면서 살았습니다. 저는 세상이 원하는 인생을 살고 싶지 않았어요. 지금 제가 사는 세상은 여자라서 억압당하는 것이 너무 많습니다. 하지만 저는 그것에 굴하지 않고 공부를 열심히 했고 또 많은 활동을 했습니다. 저는 세상의 요구대로 살아가는 호락호락한 사람이 아닙니다. 환경이 어려운 비참한 아이들을 돌보는 것이 좋았어요. 그런데 체계를 잡아서 더 크게 활동하지 못했던 것이 아쉽네요.

영현 : 와… 정말 멋진 인생을 사셨네요. 수고 많으셨습니다. 지금부터 제가 꽤 흥미로운 이야기를 당신에게 할까 합니다. 당신의 그런 성향을 꼭 빼닮은 다음 생의 의식이 당신을 만나고 싶어 해요. 다음 생의 의식도 여자인데요. 당신의 장점들을 닮아서 굉장히 유쾌하고 밝은 사람입니다. 그리고 똑똑해서 무슨 일이든 척척 해내는 사람이죠. 그런데 이 의식이 깊은 슬럼프에 빠져 있다고 합니다. 당신과는 달리 결혼을 하고 예쁜 아이를 낳아서

ICS 정화와 소통: 영혼의 매트릭스

잘 돌보면서 살고 있지만 늘 마음이 공허하고, 어떻게 살아가야 할지 인생의 방향과 목적을 몰라서 답답해하고 있답니다. 당신이 이 의식에게 직접 이야기해서 도움을 줄 수 있을까요?

내담자 : 그럼요. (현생의 의식을 향해) 너는 봉사를 해야 행복할 수 있어. 내가 더 하지 못했던 것을 마저 해주겠니? 그럼 너도나도 행복할 거야. 주변의 어려운 친구들을 도와줘. 반드시 물질적인 것이 아니라도 괜찮아. 사소한 것부터 시작해. 너는 얼마든지 좋은 영향력을 그들에게 줄 수 있어. 내가 늘 너의 인생을 보면서 응원할게.

영현 : (현생의 의식을 향해) 선생님, 전생의식의 말을 들으니 기분이 어떤가요?

내담자 : (눈시울을 붉히며) 마음이 벅찹니다. 어떻게 살아야 할지 알 것 같아요.

영현 : 그럼 전생의 의식에게 멋지게 잘 살아준 것에 대해서 감사를 전하고 잘 마무리해주세요. 그리고 늘 함께하면서 서로를 응원하자고 말하세요. 선생님에게는 이제 든든한 지원군, 친구가 생긴 겁니다.

내담자 : (전생의 의식을 향해) 정말 멋진 인생을 살았네요. 그리고 나에게 좋은 자원을 줘서 고맙습니다. 이제 당신이 못다 한 것을 내가 열심히 하면서 살아갈게요. 지켜보세요. 주변의 힘든 사람들을 제 방식대로 도와주고 이끌어주겠습니다. 잘할 수 있을 것 같아요! 어떻게 해야 할지도 이제는 알 것 같아요!

상담 후 그는 활기를 되찾았다. 자신이 무엇을 향해 가야 하는지를 알게 되었고, 그것은 결코 대단할 필요도 없고 언제든 소소하게 시작할 수 있는 자신만의 방식이 있다는 것도 구체적으로 인식하게 되었다. 무엇보다 자신이 얼마나 멋지고 아름다운 존재인지를 알게 되면서 그동안 어둑하게 꺼져 있었던 내면에 환한 빛이 비치기 시작했다. 그리고 그 빛은 그의 얼굴에도 그대로 드러났다.

아무것도 모르고 가는 길은 참 두렵고 덧없다. 하지만 내 인생의 길이 어디를 향해야 할지 깨닫게 되는 순간, 우리는 그 길 위에서 오랫동안 나를 기다리고 있었던 우리의 영혼을 만나게 된다.

다음은 ISIP 퍼실리테이터이자 나와 같은 KMH 최면상담학회 이사로 계신 김지희 최면 트레이너 선생님이 내담자와 진행했던 전생에 대한 이야기다.

지희 : 지금 그곳은 밝은가요? 어두운가요?

내담자 : 밝아요. 사람들이 많아요. 나는 남자입니다. 갑옷을 입고 전쟁을 하고 있어요.

지희 : 당신은 그곳에서 무엇을 하고 있나요?

내담자 : 사람들이 죽는 걸 보고 있어요.

지희 : 그것을 보면서 지금 어떤 기분이나 생각이 드나요?

내담자 : 허무함… 이렇게 살려고 한 게 아닌데… 이게 무슨 의미가 있나… 내가 이렇게 살고 싶었던 게 아닌데….

지희 : 당신이 살고 싶었던 삶은 어떤 삶이었나요?

내담자 : 하나님을 따라가면서 그냥 평화롭게 살고 싶었는데… 이게 하나님을 따르는 길이라고 해서 전쟁에 나왔는데… 죽이고 있어요…. 저는 정말 평화롭게 사랑하면서 살고 싶었어요. 이렇게 죽이고… 이거는 하나님의 뜻이 아닌데… 이렇게 사느니 그냥 안 하는 게 낫다 싶어요….

지희 : 누가 당신을 부른다면 뭐라고 부를 것 같나요. 당신 이름 말이에요. 알 수 있을까요?

내담자 : 도네리스.

지희 : 도네리스, 이제 당신의 이번 생의 임종 시점으로 갈 겁니다. 당신이 있는 그곳은 어디인가요?

내담자 : 전쟁터예요. 가슴 아래 칼에 찔려서… 계속 이렇게 살 수는 없었어요. 그래서 상대가 공격했는데 일부러 막지 않았어요.

지희 : 나이는 몇 살쯤 된 것 같아요?

내담자 : 20대 후반….

지희 : 이 삶을 돌아보면 어땠었나요? 뭔가 아쉬운 것들이나 말할 것들이 있나요?

내담자 : 신실하고, 사랑스럽게 살고 싶었는데… 허무해요…. 칭찬받고 좋은 사람이 되고 싶고 올바르고 자랑스러운 사람이 되고 싶었어요…. 그래서 전쟁을 지원하는 것이 하나님을 따르는 거라고 해서 그렇게 했는데…

지희 : 그렇게 살지를 못해서 허무함을 느끼고 있네요. 또 이 삶을 마감하는 지금 느끼는 것은 어떤 것인가요?

내담자 : 미안함… 내가 죽인 사람들에 대한 미안함… 그리고 날 기다리는

사람들, 가족들에 대한 미안함…

지희 : 당신의 삶을 쭉 돌아봅니다. 뭔가 의미 있거나 특별한 인연이 있었나요?

내담자 : 성당 신부님… 인자하고, 기도해주시고….

지희 : 그분은 당신에게 어떤 사람이었나요?

내담자 : 고맙고 닮고 싶은 사람….

지희 : 또 특별한 인연이 있었나요?

내담자 : 어머니, 아버지…. 따뜻하게 대해주셨는데… 응원하고 믿어주셨는데… 잘할 수 있다고… 죄송해요. 나를 아껴주었던 많은 사람들, 가족들에게 실망을 안긴 채로 죽음을 맞이해서 죄송한 마음이 드네요…. 그렇지만 어쩔 수 없었어요….

지희 : 네, 당신은 어쩔 수 없었어요. 이것은 하나님의 뜻이 아니라는 것을 당신은 알았기 때문에… 그런가요?

내담자 : 네….

지희 : 이제 도네리스, 당신의 삶은 온전히 마무리됩니다. 도네리스로서의 삶은 완전히 마무리되었고 당신은 영혼이 되어 빠져나옵니다. 당신이 산 삶은 그만큼이 완벽한 인생이었고 온전한 경험들이었고 당신을 잘 버텼고 최선을 다했습니다. 고생하셨어요. 충분히 잘했습니다. 당신은 도네리스의 이 삶에서 배워야 할 모든 것은 다 배웠어요. 이제 제 말을 잘 들어보세요. 당신은 이것으로 모든 것이 다 끝났다고 생각할지 모르지만 사실 도네리스 당신이 이 삶을 사는 동안 생각했던 모든 생각들, 기억, 감정들은 다른 생의 의식에게로 흘러들었습니다. 그리고 당신은 지금 그 남자를 볼

수 있습니다. 그 남자가 보이나요?

내담자 : 네.

지희 : 저 남자가 어떻게 보이나요?

내담자 : 헤매고 있어요.

지희 : 도네리스, 당신으로부터 흘러나가는 기억이나 감정들이 저 사람에게 영향을 주고 있다는 것을 느낄 수 있나요?

내담자 : 네…

지희 : 그러나 저 사람은 자신의 새로운 인생을 자신의 방식대로 잘 살아간다면 좋을 거예요. 그리고 그렇게 된다면 도네리스 당신의 삶도 멋지게 잘 정리가 될 거예요. 그렇게 생각하나요?

내담자 : 네…

지희 : 도네리스, 이제 당신과 저 사람 사이에 연결된 어떤 끈을 찾아보세요. 당신과 저 사람 사이에 연결되어 당신으로부터 기억과 감정이 흘러들고 있는 끈이 있을 겁니다. 찾았나요? 찾았다면 그 끈은 어떻게 보일까요?

내담자 : 쇠사슬이요.

지희 : 하나님을 따르며 살고자 했던 당신이었지만 전쟁을 경험하게 되면서 겪었던 갈등들이 쇠사슬이 되어 저 사람을 옭아매고 있네요.

내담자 : 네…

지희 : 좋습니다. 이제 당신의 에너지가 더 이상 저 사람에 흘러들어 가지 않도록 당신은 저 끈을 끊을 수 있을까요?

내담자 : 네…

자신의 전생에 얽힌 매트릭스를 펼쳐봤던 그는 한결 가벼운 마음으로 어떤 인생을 살아야 할지 이제 중심을 잡았다고 한다. 이제 내가 존경하는 한 선생님에 대한 아름다운 일화로 그들의 전생 매트릭스 이야기를 마무리 지어보려고 한다.

다들 나름대로 이런저런 사연들을 안고 살아가지만, 그 선생님도 역시 평범한 유년시절은 아니었다. 으레 사랑받으며 부모에게 의존해야 하는 어린 시절, 철없는 어린아이가 되어 투정도 부려야 하는 어린 시절… 이런 평범한 유년 시절은 이 선생님에게 처음부터 사치였다.

우여곡절 많은 힘든 부모님 밑에서 동생들을 위해 일찌감치 정신적인 가장 노릇을 해야 했고 부모님이나 어른들이라는 존재에게 의존하지 못한 채로 혼자 독립적으로 살아남기 위해 늘 치열한 삶을 살아왔다. 그러면서도 늘 학교에서는 밝고 공부도 잘하며 전교 회장까지 할 정도로 인기 많은 학생이기도 했다. 실제로 현재도 종합병원에서 의사로 일하며 힘든 환자들을 직업으로만 대하는 것이 아닌, 인간적으로 헌신을 다해 돌보고 계셨다.

그렇게 이 선생님은 한 번도 어린아이가 되어 본 적이 없는 것처럼 아주 어린 시절부터 철이 들어있었고 내면에서 만나는 아이들 또한 이를 증명하듯 늘 의젓하고 꿋꿋했다.

그러나 아이는 '아이'였어야 한다. 세상에 '아이'이기를 포기하고 태어나자마자 어른이기를 자처하는 아이는 없다. 그냥 어쩔 수 없는 현실에서 살아남기 위해 인생에 떠밀리듯 마음에서 훌쩍 어른이 되어버린 것이다.

하지만 그 아이는 당연히 지칠 수밖에 없다. 강의실에서만 보던 그 선생님을 작은 상담실에서 가까이 마주하고 보니 예쁘고 순한 그 얼굴에 마치 세상을 다 산 듯한 지친 에너지가 가득했다. 모습만 보면 한창 젊고 예쁜 나이지만 뿜어 나오는 에너지는 얼마 뒤에 죽어도 이상할 것이 없는, 긴 삶에 지쳐있는 노인의 피로가 그대로 느껴졌다.

우리는 깊은 이완 속에서 과거 기억의 매트릭스를 펼쳤다. 그리고 그 매트릭스 속의 유년시절을 두루 거치면서 내면 아이들을 만나 비로소 그 작은 어깨에 짊어지고 있던 책임감을 내려놓게 해주고 이제는 아이처럼 맘껏 뛰어놀고 쉴 수 있도록 작업을 진행했다. 그런데 유독 해결되지 않는 주제가 있었다. 바로 어머니와의 관계였다.

어머니의 삶도 여러 이유로 힘들었기에 본의 아니게 딸의 든든한 엄마 노릇을 해줄 수 없는 환경이었다. 그리고 마음은 참 순수한 분이신데 유독 이 딸에게만은 작정한 듯 평생을 의지하고 계셨다. 당연히 나이가 들면서 자식에게 의존하는 것은 자연스러운 모습이다. 그런데 그 자연스러운 모습과는 사실 많이 달랐다. 너무나 일방적으로 딸이, 마치 조건 없는 사랑을 베푸는 부모처럼 희생하고 있었다. 너무나 일방적으로 철없는 아이처럼 딸의 보살핌을 당연한 듯이 누리고 있는 그 어머니의 모습은 결코 자연스럽지 못했다.

우리는 그렇게 과거의 기억 매트릭스를 지나 '부모'의 매트릭스까지 닿았다. 이제는 그 선생님 자신을 위해서 그리고 어머니를 위해서라도 이 비틀어진 매트릭스의 집착을 바로잡아야 했다. 그리고 이 매트릭스를 푸는 과정에서 우리는 태아 상태에까지 다다르게 되었다. 그런데 이곳에서도 답을 찾기는 어려워 보였다. 왜냐하면 태아가 너무나 당연한 듯이 자신은 엄마를 위해 살겠다고 말하는 것이다. 도대체 뱃속에 태아가 왜 태어나기도 전에 이런 결심을 하는 걸까?

그때 나는 태아에게 어머니와의 인연에 관해 물었다. 태아는 한 번의 망설임도 없이 뿌리 깊은 인연이 있다고 대답했고 흔쾌히 그와 연관된 곳으로 데려다 달라는 나의 부탁을 들어주었다. 그렇게 우리는 다시 한 번 물질적인 매트릭스를 넘어 전생의 매트릭스로 넘어오게 되었다. 태아의 안내로 도착한 전생의 장면에서 선생님은 40대 남자이며 목수라고 자신을 소개했다.

그는 지금 죽어도 아무 미련이 없을 정도로 삶에 지쳐있으며 더 이상 살아갈 의미가 없다고 말했다. 그 이유를 들어보니 얼마 전에 하나뿐인 귀한 딸이 물에 빠지는 사고로 죽었다고 한다. 그때 딸의 나이 고

작 14살, 한창 예쁜 나이의 금지옥엽 딸을 잃은 아버지의 상심이 그대로 느껴졌다. 그 남자는 슬피 울면서 스스로에게 이렇게 다짐을 하고 있었다.

"딸아, 내가 다음 생에도 너를 따라가서 지금 못다 한 것 다 해줄게…"

그리고 아버지의 그 비장하고 절절한 다짐은 정말 다음 생으로 흘러들어갔다. 분명 이번 생에서는 부모와 자식의 위치가 바뀌었음에도 여전히 전생의 한이 이어져서 마치 이번 생의 딸이 부모인 듯, 이번 생의 어머니가 딸인 듯 자연스럽게 행동하고 있었던 것이다. 우리는 꽤 많은 이야기를 나누었고 이내 서로를 위해 가장 현명한 답을 찾았다.

그 현명한 답은 역시나 전생의 분리였다. 전생의 사연이 너무 안타깝기는 하나 엄연히 그것으로 딸과 아버지로서의 인연은 마무리가 되었다는 것이다. 다음 생은 분명 다른 시작이며 그 사연을 짊어지고 살아서는 안 된다.

그리고 아버지는 아버지 인생의 흐름을, 딸은 딸의 인생의 흐름을 온전히 따라 가야 한다. 서로 집착으로 연결되면 그때부터 두 사람은 하나의 전생 매트릭스를 공유한 두 사람의 인생으로써 더 혼란스럽게 지내야 할 것이다.

마침내 전생의 인격이 모두를 위해서 그리고 더더욱 딸의 온전한 다음 인생을 위해서도 여기서 모든 것을 마무리하겠다고 결심했다. 그리고 아버지와 딸의 관계는 전생으로 끝이 났고, 현생의 의식은 이제 더 이상 부모가 아니라 그 사람의 딸이니 그 역할에 맞게 살라는 조언을 해주었다. 그렇게 전생의 매트릭스는 풀어져 나갔고 그 결과는 놀라웠다.

그 후, 선생님은 지금까지의 인생에서 가장 큰 결심을 했다. 오래전부터 마음속 깊은 곳에 간직해오던, 하지만 절대 할 수 없을 거라고 믿었던 멋진 계획을 드디어 실행에 옮긴 것이다. 그것은 바로 아름다운 자연이 있는 캐나다로 가서 쉬면서 공부도 하고 일도 하는 것이었다.

'딸이 외국에 가버리면 남겨진 그 어머니는 어떻게 되지?' 하며 걱정이 앞서는 사람도 있을 것 같다. 분리는 부모와의 현실적인 단절을 뜻하는 것이 아니다. 영감적인 선택은 물 흐르듯 모든 것을 완벽하게 만든다.

그 어머니 또한 전생의 에너지로 인해 지금껏 자신의 자리에 온전히 서지 못했을 것이다. 이제 전생의 매트릭스가 풀리고 나면 비로소 본연의 따뜻하고 성숙한 엄마의 자리에 서게 될 것이다. 그리고 그동안 못다 한 딸에 대한 사랑과 지지, 응원을 씩씩하게 보내줄 것이다.

그리고 선생님도 외국에서 자유롭고 멋지게 꿈을 펼치면서 스스로를 치유하고 회복하면서 새로운 에너지로 가족들에게 좋은 영향을 미치는 멋진 딸이 될 것이다.

다음은 캐나다로 출국하게 된 선생님이 보내주신 메일 내용의 일부이다. (당사자의 동의하에 실제 내용을 옮겼다.)

잘 지내고 계시죠? 저 드디어 출국합니다.

상담 중에 결정했던 것을 그대로 지킬 수 있게 돼서 너무 감사하고 기뻐요. 이게 다 선생님 덕분이란 거 너무나 잘 알고 있습니다.

제가 캐나다행을 결심하고 나서 지금까지 겪은 수많은 일 중 기적이라고 이름 붙이고 싶은 일들이 너무 많았어요. 너무 많아서 열거할 수 없을 정도로요. 다 기억해서 기록해두지 못한 게 아쉬워요.

선생님의 강의에서, 잠재의식과 함께 가면 우리는 아무것도 할 필요 없이, 마치 잠재의식이 뒤에서 밀어주며 유영하는 것 같은 느낌이라고 하셨던 말이 정말 맞아요. 제가 캐나다를 간다니까 저의 잠재의식인 '풀잎'이가 신났는지 할 수 있는 모든 사람, 자원들을 끌어다가 제 앞에 펼쳐주고 있어요. 제가 어떤 게 필요하다고 생각하면 얼마 지나지 않아 생각지도 못한 최상급의 물건이 되어 나타나고요.

그리고 둘째 동생이 이직하게 됐는데, 기존의 회사보다 훨씬 높은 연봉(억대)에 이사 자리로 가게 됐어요. 만약에 제가 캐나다에 가서 일을 하나도 하지 않는다고 해도 남은 가족들이 먹고살 수 있게 된 거 있죠.

최근에는 거의 하루 전에 기타 수업을 미뤘는데 그 선생님이 코로나 확진이었고요. 제가 해결해야 할 일들이 있을 때 말하지 않아도 주변에서 먼저 다 해결해주고 조언해줘요. 그리고 요즘 주식시장 안 좋은데 그거 다 해결하고 가서 편하게 지내라고 그러는지 제 것만 오르고 있어요. 덕분에 오늘 다 정리했고요.

혼자 외국에 가는 것을 실감하고 두려워지려고 하면 저한테 취업비자 주신 선생님이 연락하셔서 오늘 캐나다 하이킹 가서 찍은 사진이라며 말도 안 되게 멋진 풍경 사진을 보내시고는 와서 같이 놀러 가자고 하셔요. 약간 어떤 느낌이냐면 '너 이래도 안 갈 거야, 이래도 안 갈 거야?'라고 풀잎이가 이야기하고 있는 느낌이랄까요.

인생이 이렇게 신나는 건데 제가 그동안 너무 몰랐구나 싶기도 하고, 일이 너무 잘 풀려나가니까 감사하면서 무섭기까지 해요. 그리고 제가 얼마나 사랑받고 있었는지, 제 주변에 얼마나 소중하고 감사한 인연들이 많았는지도 알게 됐어요. 이렇게 쉬어감을 선택하지 않았다면 평범한 일상의 매너리즘에 빠져서 몰랐을 거예요.

진짜 인복 하나는 제대로 타고났나 봐요. 응원도 엄청 많이 받았어요. 모두 잘 생각했다고 축하 많이 받았고요. 그런데 그동안은 엄마의 힘듦에 집중하느라 제가 제대로 보지 못하고 있었어요. 조금만 눈 돌리니까 온통 꽃밭이네요.

선생님 정말 감사드려요. 선생님 덕분에 지금의 행복과 감사를 누립니다. 선생님의 강의가 그리울 거예요. 하지만 또 곧 뵙게 되겠죠. 저는 캐나다에서 자연을 마음껏 누리며, 풀잎이랑 같이 정화도 많이 하면서 또 소식 전할게요. 이 생에서 선생님과 함께여서 너무 감사한 마음뿐입니다.

참 놀랍고 신비하다. 매트릭스를 하나씩 풀어나가면 나갈수록 인생의 비밀이 참 경이롭게 느껴진다.

◆ 전생 매트릭스가 주는 메시지

전생과 현생은 데칼코마니처럼 닮아있다. 전생의 스토리가 그대로 찍혀서 현생에 반영되고 있으니 말이다. 우리가 매번 새로운 경험을 하고 있고, 새로운 인연들을 만나고 있고, 매 순간 새로운 생각과 감정을 느끼고 있다는 것은 명백한 착각이다. 우리는 교묘하게 색깔만 바뀐 전생을 현생이라는 착각 속에서 끝도 없이 반복하고 있을 뿐이다.

나는 수많은 사람의 전생 체험을 함께해왔다. 이것은 결코 내가 부적절한 유도 암시로 스토리를 만들어준 것이 아니라 깊은 이완 속에서 그들 스스로가 끄집어낸 그들의 이야기였다. 그리고 많은 사람이 전생을 경험한 직후 공통으로 이런 반응들을 보인다.

"세상에…. 그동안 한 번도 생각해보지 못한 삶이에요. 그런데 어떻게 지금의 현실 상황과 아귀가 이렇게 맞아떨어질 수가 있죠? 선생님 이건 결코 제 머리로 지어낼 수가 없는 이야기들입니다. 믿어주세요."

실제로, 특별한 능력이 있는 누군가로부터 자신의 전생에 대한 리딩을 받고 온 사람들도 자신의 내면 깊은 곳에서 꺼내놓는 전생 스토리는 완전히 다른 경우가 많았다. 물론 여러 전생이 존재하기 때문에 타인에게 리딩 받은 전생이 완전히 작화되었다고 단정 지을 수는 없을 것이다. 다만 현생에 가장 깊게 연결된 전생을 찾는 데 있어 본인 스스로의 이완만큼 강력한 안내자도 없다는 것만은 명백하다. 그리고 다들 다음과 같은 혼란을 말한다.

"선생님, 왜 전생과 현생 사이에 인과법이 없죠? 제가 알던 것과는 너무나 달라서 혼란스러워요. 전생에서 나에게 피해를 줬던 그 악연은 지금 현실에서도 여전히 똑같아요. 신은 왜 이것을 정리하지 않는 걸까요?"

우리가 아는 인과법은 때론 혹독하기도 하지만 한편으로는 참 달콤

하기도 하다. 아주 단순하게도 착하게 살기만 하면 다 복을 받고 나쁘게 살면 알아서 벌 받게 되어있으니 말이다. 인간은 아주 오랜 세월, 이렇게 단순한 인과법에 길들어져 왔고 이것은 우리에게 인생의 희망이자 신이 주는 공평함이라는 달콤한 선물과 같았다. 이쯤에서 나는 이런 질문을 던지고 싶다.

"과연 착한 행동과 나쁜 행동의 절대적인 기준이 뭔지 알고 있나요?"

아마도 이 질문에 완벽한 답을 말할 수 있는 이는 없을 것이다. 똑같은 행동도, 누구에게는 착한 것이고 또 다른 누군가에게는 오지랖이 될 수도 있다. 누구는 나에게 착한 사람이라고 칭찬하고 또 다른 누구는 나한테 이기적인 사람이라고 한다.

마음속에 원망을 품고 이를 갈면서도 꾹 참고 친절하게 대했더니 착하다고 하고, 어느 날 솔직하게 내 감정을 표현했더니 못됐다고 한다. 똑같은 행동을 매일 같은 누군가에게 반복했는데 그 사람의 그 날 기분에 따라 내 행동의 가치가 달라지기도 한다.

중학교 2학년 시절, 개인적으로 내 기준의 인과법에 큰 혼란을 일으켰던 경험이 있었다. 학교를 마치고 집으로 가는 버스를 탔는데, 그다음 정류장에서 노숙자처럼 보이는 허름한 차림의 어떤 아저씨가 버스를 타고는 차비도 내지 않고 자리로 가서 앉는 것이다. 그러자 당연히 버스 기사 아저씨는 소리를 치며 그 노숙자에게 차비를 내라고 했다. 그래도 아랑곳하지 않고 못 들은 척 앉아있자 기사 아저씨는 험악한 욕설을 해가며 소리를 치기 시작했다.

그때 무슨 용기였는지 나는 책가방 보조주머니 속에 손을 슬그머니 집어넣어 동전을 만지작거렸다. 그리고는 곧 결심한 듯 동전을 모아들고 기사 아저씨에게 가서 내가 저분의 차비를 대신 내겠다고 하고는 나의 소중한 간식값이었던 동전을 요금통에 쏟아부었다. 그리고 그 순간 나의 머릿속에는 수많은 생각이 일었다.

'아… 곧 기사 아저씨가 나를 칭찬하겠군. 그리고 노숙자 아저씨가 엄청 고마워하며 감동한 표정으로 나를 쳐다보겠지. 또한, 버스에 있는 사람들이 세상에 저런 모범적인 아이가… 하는 표정으로 나를 볼 텐데… 아, 정말 부담스럽게 됐군.'

하지만 이 모든 상황에 담담하리라 굳은 결심까지 하고 표정 관리를 하고 있던 찰나, 그 달콤한 착각은 기사 아저씨의 분노에 찬 고함과 함께 산산조각이 났다. 동전이 경쾌한 소리를 내며 바닥에 부딪힘과 동시에 버스를 집어삼킬 듯 기사 아저씨가 나를 향해 소리를 질렀다.

"네가 뭔데 돈을 내? 지금 나를 무시하는 거야? 아… 열 받아. 이 어린것까지 열 받게 하네."

버스에 있던 사람들의 시선이 일제히 나에게 쏠렸다. 그 상황에서 나의 시선은 도움을 줄 것으로 생각한 그 노숙자 아저씨를 향했다. 그런데 나에게 도움을 받은 노숙자 아저씨는 아무 일도 없다는 듯이 담담하게 밖을 쳐다보고 있었다. 내가 그 자리에서 할 수 있었던 일은 급하게 차에서 내리는 것밖에는 없었다.

사실 이런 식의 일들은 누구에게나 늘 일어나고 있다. 결국 정말 궁극적으로 바르고 착해지려면 세상 모든 사람의 기분과 기준에 동의를 받아야 하는 걸까? 그들 중 한 명이라도 반기를 들고 반대한다면 나는 무슨 행동을 해도 착할 수 없는 걸까?

그렇다면 그건 애초에 불가능한 일이다. 어차피 절대적인 기준이라는 것은 없다. 적어도 매 순간 나만을 따라다니며 보호해줄 절대적인 심판의 신도 없다. 그냥 그들이 기분 나쁘면 나는 나쁜 사람이 되는 거고, 그들이 기분 좋게 나를 보면 별것 아닌 나의 행동도 가치 있게 보이는 것이다.

어쩌면 상당히 일리 있어 보이는 그럴듯한 그들의 평가가 그날 하루 그들의 기분에서 나오는 것일지도 모른다. 지금 나를 칭찬하는 그도, 아침부터 남편과 한바탕 싸우고 나온 어느 날 작은 실수를 한 나에게 엄청난 잘못이라도 한 듯 경멸의 눈빛을 보내며 비난할지도 모른다. 지금 나에게 화를 내고 있는 그도, 푹 자고 일어나 모처럼 컨디션 좋은 어느 날 언제 그랬냐는 듯 상냥하게 다가와 참 좋은 사람이라며 칭찬을 건넬 수도 있다.

또한, 내면이 긍정적이고 여유 있는 사람들은 뭘 해도 괜찮다 말하며 작은 일에도 쉽게 칭찬을 한다. 그냥 그들의 내면이 건강하고 풍요로우니 외부도 그렇게 보이는 것이다. 반면 어릴 때부터 상처나 분노, 두려움이 억압된 사람들은 작은 일에도 비난과 불평을 해댄다. 그냥 그들의 상처가 외부로 그렇게 몸부림치듯 드러나는 것이다.

어쨌든 적어도 확실한 것은 절대적인 인과법의 기준이 외부 세상의 반응에 있는 것은 아니라는 거다. 그렇다면 나의 기준을 명확히 하는 것이 훨씬 현명하다.

지금 나에게 착하고 선한 기준이란 '내가 자연스럽게 그리고 내 마음이 편하게 움직일 수 있는 일'을 말한다. 누군가에게는 이런 표현이 '본인만 편하게 살자는 건가. 남을 배려해야지'라며 이기적으로 들릴지도 모른다.

하지만 누군가를 위하는 일이 내 마음을 편하게 할 수도 있다. 남들이 하기 싫어하는 일을 하면서 내 마음이 편할 수도 있고, 양보하면서 편안함을 느낄 수도 있고, 화내고 싶지만 그것을 참으면서 기꺼이 내 마음이 편할 수도 있다. 다만 예전처럼 당신을 위해 그랬다고 말하지 않는다. 내 마음을 위해 한 일이기에 외부를 향해 생색낼 필요도 없고 외부에서 인정받고 칭찬받기를 기대하지도 않는다. 대신 스스로에게 아낌없이 칭찬해주고 인정해준다.

반대로 화를 내고 난리를 치면서 마음이 편할 수도 있다. 그러고 싶은 순간이 오면 재빨리 내 마음을 향해 물어본다. '화를 내는 게 맘이 편할 것 같아? 참는 게 마음이 편할 것 같아?' 아니 더 정확히 말하면 그 질문을 하기 전에 먼저 미용고사(미안합니다. 용서하세요. 고맙습니다. 사랑합니다.)를 하면서 고요함을 찾는다.

그리고 그렇게 미용고사를 되뇌면서 자연스럽게 흘러나오는 내 감정과 행동을 믿는다. 누군가에게 일방적인 상처를 주고 돌아서서 마음이 편할 만큼 어리석지는 않다. 그런 나를 잘 알기에 때론 누군가에게 본의 아니게 상처를 주게 되고 그것으로 인해 원망을 들어도 스스로에게 괜찮다고 말해준다. 지금은 그게 최선이었다고 그 사람의 기준이 아니라 나의 기준에 서 있으라고 다독여준다.

내 마음이 부끄럽지 않다면, 다시 되돌려도 당당하게 그렇게 할 수 있는 일이라면 그가 뭐라 해도 흔들림 없이 나를 지지해줄 수 있다.

내 안에 있는 그 기준이 때때로 영감적이지 못하고 미성숙할 때도 분명 있을 것이다. 그러나 그것마저도 괜찮다. 욕심내지 말고 지금 이

만큼의 그릇 안에서 최선을 다한 거라고 말해준다. 그리고 열심히 정화하면 더 성숙해질 것이니 조급할 필요도 없다고 말해준다.

다시 전생의 매트릭스로 돌아가서 말해보자면, 윤회에 있어 적어도 우리가 알고 있는 인과법은 없다는 것이다. 인생은 그저 해방되지 못한 기억의 반복일 뿐이다. 고통은 고통으로 반복되고, 상처는 비슷한 상처로 반복되며 약함은 약함으로 반복된다. 어리석은 자는 현생에서도 어리석고, 인연에 집착하던 이는 현생에서도 인연에 집착한다.

이렇게 비슷한 신념, 감정, 생각의 패턴 속에서 시대적 색깔만 물질적으로 달라졌을 뿐 우리는 수천 년의 내적 고통을 되풀이하고 있다. 원시 시대 때 느꼈던 극한의 생존에 대한 위협과 공포가 안정적인 이 시대 안에서도 똑같은 내적 위협과 공포의 모습으로 재현된다. 억압당해왔던 과거의 시대적 구속이 현대로 넘어오면서 사실상 자유로워졌음에도 불구하고 우리는 여전히 내적인 위축감에 스스로를 억압한다. 기억은 망각의 심연으로 가라앉았지만, 결코 그 당시의 강렬한 감정과 신념은 사라지지 않고 현재 나의 의식을 지배하고 있는 것이다.

나는 현실의 단편적인 고통을 넘어서는 진정한 지옥을 전생의 매트릭스 속에서 봤다. 진짜 지옥은 수천 년을 똑같이 반복하며 사는 우리 안에 있다. 이를 마주하는 순간 우리는 그 지긋지긋한 반복에 치를 떨게 될 것이다. 그리고 비로소 그 반복의 실타래로부터 걸어 나오는 것을 선택하게 된다.

또한, 인연에 있어 악연이라는 것도 복수라는 것도 아무런 의미가 없음을 비로소 알게 된다. 누군가를 향한 감정은 그 인연의 얽힘을 더욱 견고하게 만들고 수천 년을 함께하게 한다.

마녀로 몰려 억울한 죽임을 당했던 삶에서 비롯된 천 년의 고통은 결코 나를 모함한 자들에게서 온 것이 아니었다. 그것은 자식에 대한 애착을 내려놓지 못한 나로부터 반복된 것이다. 집착이 집착의 고통을 만들어냈을 뿐이다. 그리고 천 년의 어리석음을 반복하고 있는 자가 있다면 그는 또 그 어리석음으로 어딘가에서 고통에 시달리고 있을 것이다.

전생을 알게 되는 방법은 다양할 수 있다. 깊은 명상에서 불현듯 올라올 수도 있고 반복되는 꿈으로 느껴질 수도 있다. 또한, 최면을 활용한 정제된 테크닉을 통해 체험해볼 수도 있고 스스로 깊은 이완을 만들어낼 수 있다면 몸과 마음의 긴장이 모두 사라지는 순간에 스스로 그것을 떠올릴 수도 있다.

이 책을 읽고 전생이라는 것의 가치를 처음으로 인정하게 됐을 때 어쩌면 당신의 잠재의식이 그 공감 내부로 전생의 정보를 올려줄지도 모른다. 나는 충분히 당신에게 그런 일이 일어나리라 믿는다.

그렇게 어떤 이야기가 떠오른다면 그것의 사실 여부를 따지는 분석가가 되지 않기를 바란다. 당신이 이성적인 잣대로 그것을 분석하면서 또다시 보이는 물질 속에 스스로 갇히려 할 때 당신의 잠재의식은 그 소중한 전생의 책을 다시 덮을 수밖에 없을 것이다. 그리고 당신은 늘 똑같은 모습으로 이생을 반복하게 될 것이다. 다른 차원으로의 의식적 접근을 원한다면, 당신이 가장 중요하고 소중하게 여겨온 당신의 그 이성적인 틀부터 내려놔야 한다.

그리고 전생 매트릭스를 인식하게 되고 전생의 스토리와 인격을 만나게 되었을 때 당신이 꼭 해야 할 것이 있다. 그것은 전생과 현생을 연결하고 있었던 윤회의 끈을 분리하는 것이다. 이것은 내가 진행하는 ISIP만의 고유한 접근법이자 가장 중요한 핵심이기도 한데, 간단하게 말하자면 전생과 현생의 분리 그리고 전생인격과의 협력과 화해다.

그 방법은 간단하다. 현생의 인격으로써 전생의 인생을 진심으로 존중해주고 인정해주는 것이다. 그것으로 온전히 마무리되었음을 격려해주고 이제는 그것을 반복할 필요가 없음을 스스로 다짐하고 인식하는 것이다. 쉽게 생각하길 바란다. 힘든 상황을 겪어낸 나의 가장 사랑스러운 친구를 만난 듯이 전생 안의 인물을 대하면 된다.

"친구야. 고생 많았어. 넌 충분히 잘해냈어. 잘했어. 그리고 이제는 진정으로 휴식을 취하렴."

이 과정에서 당연히 우리는, 친구의 인생을 내가 따라 할 필요가 없다는 것을 충분히 알고 있다. 그리고 이것을, 우리는 누군가가 나만을 위해 쓴 소중한 책 한 권을 읽게 된 것이라고 생각해도 된다. 그것의 사연은 아프고 고달프지만 분명 나에게 충분히 가치 있는 책이다.

온전히 나를 위해 그 책을 건넨 작가의 마음을 우리는 충분히 알 수 있다. 이것으로 내가 무엇을 깨닫고 알아야 하는지 말이다. 그렇게 그 스토리를 통해 나를 보고 성장을 위한 교훈을 스스로 알아차리기를 바란다.

우리는 대부분 윤회의 모든 전생을 다 뒤져봐도 특별하게 가치 있는 위인들은 아니었을 것이다. 그렇기에 사소하고 하찮은 우리의 사연들은 아무도 쳐다보지 않는 심연의 어둠 속에 아주 오랫동안 방치되어왔다. 이제 각자 그것을 꺼내 나의 역사로 아름답게 마무리하기를 바란다. 그리고 그렇게 하고자 원할 때 당신은 쉽게 그것을 하게 될 것이다.

신비로운 매트릭스 : 영혼의 목적

◆ 윤회의 길 위에 있는 영혼의 고민 - 나의 이야기로부터

이제 우리는 미지의 세계와 연결된 매트릭스 장의 정점을 향해 왔다. 나는 이곳에서 내가 알게 된 영혼(잠재의식)들의 이야기를 바탕으로 신비로운 이 매트릭스를 풀어낼 것이다.

그리고 당신은 이곳에서 또한 심각한 표정을 지을 필요가 전혀 없다. 왜냐하면 내가 전달하고자 하는 것이 절대적인 사실에 대한 정보가 아니라 그저 수많은 사람이 제시하는 영혼에 대한 가설 중 하나일 뿐이기 때문이다. 그러니 내가 들려주는 나머지 매트릭스 이야기를 그저 가볍고 재밌게 즐기길 바란다.

케오라는 나에게 영혼에 대한 많은 이야기를 해왔다. 하지만 여전히 분석하기 좋아하고 의심 많은 나는 꽤 오랫동안 이것들을 그저 나의 상상력 정도로만 치부해버렸다.

하지만 마치 운명처럼 거대한 매트릭스를 인식하기 시작하고 그것

198

ICS 정화와 소통: 영혼의 매트릭스

을 하나씩 하나씩 풀어나가면서 나는 마침내 이 신비한 영역들에 대해 진정으로 마음을 열고 제대로 들여다보기 시작했다. 그리고 타인의 매트릭스를 푸는 과정에서 다시 한번 케오라의 말들을 확인할 수 있었다.

울트라 뎁스® 키워드(울트라 뎁스® 상태로 즉시, 자동으로 진입하게 하는 자기최면용 신호)를 이용해 깊고 고요한 이완 상태에 머물러있던 어느 날이었다. 내면에서 강한 빛이 느껴지더니 이윽고 그 빛으로부터 이런 메시지가 전달됐다. 그것은 평소 내가 케오라로부터 느꼈던 그것과는 완전히 색다른 또 다른 것이었다. 그 메시지는 말로 표현할 수 없을 만큼 색다르고 카리스마 넘쳤으며 아주 명료했다. 목소리도 형체도 없지만 아주 선명하게 전달되는 메시지의 내용은 이랬다.

"케오라, 너의 손을 내밀어 보렴."

그리고 나는 그 빛을 향해 두 손을 내밀었다. 그 빛의 존재는 내 한 손에 하나의 빛 주머니를 올려주고 또 다른 한 손에도 빛 주머니를 올려주었다.

"케오라, 한 손에는 '사람'들이 있고 또 한 손에는 '정화'가 있어. 이번 생에서는 이것만 하면 돼. 그러면 너의 수많은 사연은 저절로 풀려나갈 거야. 어때?"
"네, 그렇게 하겠습니다."

그는 나에게 꽤 유리한 제안을 하는 듯했고 케오라는 이것을 흔쾌히 받아들였다. 그 강렬했던 꿈같은 장면은 그 후로도 오랫동안 잊히지 않았다.

깊은 이완의 고요함 속에서 내 현재의식은 물질적인 정보의 모든 것을 내려놨고 그 순간 나의 의식은 내 영혼의 기억을 함께 공유한 듯했다. 그러면서 어떤 각성이 일어났다.

'아, 이번 생의 내 목적은 사람들을 정화하는 거구나.'

하지만 직업이 없었던 그 당시에는 이 목적이 그저 뜬구름같이 느껴지기도 했다. 그런데 그 후로, 나는 정말로 사람들에게 나의 방식으로 정화에 관해 이야기하게 되었다. 책을 통해, 'ICS 정화와 소통™'이라는 프로그램을 통해 그리고 최면상담사라는 직업을 통해 말이다. 그와의 약속을 지키기 위한 이 과정들은 마치 세상 만물이 나를 위해 준비해놓은 길을 그저 힘 빼고 걸어가기만 하면 되는 것처럼 아주 자연스럽고 수월하게 진행되었다.

우리가 가장 깊은 고요함 속에서 의식적으로 잡고 있던 모든 것들을 일시적으로 내려놓는 순간, 우리는 영혼의 기억을 공유하게 된다. 그리고 이것은 의식의 존재로서 영혼의 차원으로 걸어 들어가는 것과 같다. 바로 내가 영혼 그 자체가 되는 것이다.

한 생을 마친 영혼들은 물질 세상에 다시 들어갈 때 수많은 전생으로부터의 기록들을 짊어지고 간다. 왜냐하면 윤회의 시스템에는 몇 가지 규칙이 있는데, 그중 한 가지가 물질 세상에서 만들어진 매트릭스는 물질 세상 안에서 풀 수 있다는 것이다.

물질 세상에서 현재의식의 경험으로 만들어진 매트릭스를 짊어지게 된 영혼들은 반드시 그 물질 매트릭스를 결국에는 순수하게 풀어내야만 한다. 이것은 어쩌면 신이 윤회를 시작하는 영혼에게 내준 궁극적 숙제일지도 모른다. 그리고 영혼들은 신과의 약속을 지키기 위해 생과 생을 반복하며 매트릭스를 풀기 위한 시도를 끊임없이 한다.

인생의 모든 경험이 물질 매트릭스를 만들어내는 것은 아니다. 경험들이 내뿜는 에너지 중에는 만들어짐과 동시에 힘없이 풀어지는 것들도 있지만 때로는 한번 만들어진 경험의 에너지가 풀어지지 않고 농축되어 강한 매트릭스를 형성하게 되기도 한다.

이렇게 형성된 매트릭스가 그 생에서 풀어지지 않는다면 결국 이것은 죽음과 함께 영혼이 짊어지고 가게 되는 것이다. 그리고 다시 짊어진 그 매트릭스를 풀기 위해 기꺼이 우리 영혼은 다음 물질 세상을 계획할 것이다.

그렇다면 어떤 경험들이 매트릭스가 되는가. 강한 생각과 감정을 동반한 경험이 매트릭스가 된다. 만약 우리가 누군가의 죽음에 대한 소식을 들었다고 가정해보자. 그 대상이 뉴스에서 접한, 지구 반대편에 사는 익명의 누구라면 우리는 그 경험에 큰 감정과 신념을 동반하지 않고 비교적 담담하게 흘려넘길 것이다. 하지만 만약 그 죽음의 대상이 내가 사랑하는 사람의 갑작스러운 사고에 관한 것이라면 어떨까? 우리는 그 소식에 큰 충격을 받거나 일순간에 깊고 큰 감정에 빠지게 될 것이다. 그렇게 만들어진 그 거대한 생각과 감정들은 마치 강력한 접착제처럼 끈적거리며 그 경험에 달라붙어 매트릭스화 시킨다.

이 부분을 우리는 눈여겨볼 필요가 있다. 그렇다면 반대로 매트릭스를 푸는 것 또한 생각과 감정을 소멸하면 된다는 것이다. 참 아이러니하지 않은가. 처음 시작됐던 '생각과 감정'이라는 매트릭스가 결국은 다시 이 깊은 매트릭스 속에서 지금 소환되고 있다는 것 말이다. 그것도 모든 매트릭스를 풀 수 있는 열쇠가 될 수도 있다는 놀라운 사실로 말이다.

사람마다 에너지가 농축된 핵심 매트릭스가 다 다르지만 결국 생각과 감정을 제대로 다뤄야 이 모든 다음 작업이 진행될 수 있음은 분명하다. 그리고 이것은 내가 개인적으로 추천하는 것인데 이 책을 다 읽게 된다면 반드시 다시 원점으로 돌아가 첫 매트릭스, '생각과 감정' 편을 찬찬히 읽어보기 바란다. 아마도 완전히 그 가치가 다르게 느껴질 수 있을 것이다.

또 한 가지 중요한 것은, 생각과 감정에 빠져서 그것을 외부로 옮기는 주체가 바로 우리의 현재의식이라는 것이다. 다시 말해 매트릭스를 만드는 주체도, 풀어내는 주체도 결국은 우리 현재의식이라는 말이다. 이것은 잠재의식인 우리의 영혼에게 우리의 현재의식이 얼마나 중요한 존재인지를 보여주는 대목이다.

그래서 영혼은 윤회의 길 위에서 두 가지의 깊은 고민에 빠지게 된다. 짊어지고 있는 이 매트릭스를 다음 생에서 어떻게 구성해야 잘 풀 수 있을까? 그리고 현재의식에게 이것에 대한 협조를 어떻게 구할 수 있을까?

전생에서 만들어진 매트릭스를 영혼들이 현생에서 어떤 경험으로 풀어내는 데 있어, 어떤 현재의식은 담담하게 그것을 경험하고 미련 없이 흘려보낸다. 아니 담담하게 경험할 수 없는 트라우마들도 언젠가 시간이 충분히 흘렀을 때 고요하게 다시 그것을 바라보면서 통찰로 그것에 묻어있던 감정과 생각들의 오해를 스스로 닦아낸다. 그렇게 조금씩 풀어지는 매트릭스의 빈 공간 속에서 영혼의 영감적인 에너지는 더욱 그의 인생을 빛나게 한다.

하지만 어떤 현재의식은 매번 비슷한 생각과 감정을 반복하면서 그 경험의 매트릭스를 더욱 단단하게 강화시키기도 한다. 그럴 때 영혼에게는 아주 난처한 일이 될 것이다. 매트릭스를 풀기 위해 그 경험을 내놨지만 결국은 오히려 더 끈끈하게 만들어버리게 되고 영혼은 망연자실한 채 더욱 견고해진 매트릭스를 짊어지고 다시 한 생을 마감하게 될 것이다. 그래서 결국 영혼에도 어떤 현재의식을 만나는지가 아주 중요하다. 끊임없이 자신의 내부를 탐구하고, 스스로 고요함의 자리를 만들어 낼 수 있는 현재의식은 영혼에게 최고의 행운이리라.

나 또한 여전히 생각과 감정 속에 허우적대며 많은 시행착오를 겪고 있는데, 마음이 유독 시끄러웠던 어느 날 나는 케오라에게 말했다.

"케오라, 내가 어리석어서 미안해…"

이에 케오라는 이렇게 답했다.

"아니, 넌 나에게 최고야. 난 아직도 잊을 수 없어. 네가 처음으로 나에게 눈을 마주치며 말을 걸어왔던 그 순간을 말이야. 그것은 우리 영혼의 긴 시간 속에서 가장 경이로운 선물이었어."

매트릭스가 풀려나가는 느낌은 마치 인생이 완벽한 균형 위에 서게 되는 것처럼 느껴지기도 한다. 마이너스가 있었다면 플러스로, 플러스가 있었다면 마이너스로 '0'을 만들 듯이 말이다.

한쪽으로 치우치지 않은 중간, 중립 결국 어둠도 밝음도 없는, 마이

너스 플러스도 없는 그 오묘하고도 순수한 영역 속에 인생이 존재하는 것 같았다. 아무것도 없는 듯한 이 궁극의 고요한 공간의 완성을 위해 영혼들은 생을 반복하며 그렇게 고군분투하고 있나 보다.

◆ 내 영혼의 목적을 알게 되다 - 그들의 이야기

나는 운 좋게도 타인의 순수한 영혼을 아주 흥미롭게 만나본 적이 종종 있었는데, 다음은 그중 특히 신기했던 내담자와의 에피소드다. 이 사례의 내담자는 아주 심각한 무기력과 소심함, 대인기피증 등을 겪고 있었고 실제 나와 대화를 나눌 때도 원활한 진행이 쉽지 않을 정도로 말을 더듬었으며, 그나마 나오는 목소리엔 힘이 하나도 없었다. 본인이 기억하는 한 자신은 늘 그렇게 살아왔고 설상가상으로 몸까지 좋지 않았던 내담자는 여러 정신적 육체적 문제들에 치여서 영성, 종교, 영혼, 인생 등의 개념에 대해서는 한 번도 진지하게 생각해본 적 또한 없었다 한다.

그런 내담자가, 연령 역행 중에 나왔던 태아 상태에서 갑자기 다른 사람이 된 것처럼 카리스마 넘치는 당당한 어조로 단 한 번의 더듬거림도 없이 영적 세상을 이야기하는 모습이란, 정말 눈으로 보면서도 이 사람이 맞나 믿기지 않을 정도였다.

내담자 : 아, 잠시 몸에서 빠져나와 쉬어야겠어요. 태아 상태에서는 종종 그럴 수 있거든요.

영현 : 당신은 누군가요?

내담자 : 나는 이 사람의 영혼입니다. 그리고 당신도 우리에 대해 잘 알고 있습니다. 그렇지 않나요?

영현 : 아, 잘 압니다. 그럼 당신은, 앞으로 태어날 본인의 인생을 알고 있겠네요. 당신이 직접 계획하고 선택한 인생인가요?

내담자 : 아니요, 제가 모든 걸 선택한 건 아닙니다. 하지만 어떤 인생인지는 충분히 알고 있습니다.

영현 : 그럼 당신이 살아갈 이번 인생의 목적은 알고 있나요?

내담자 : 당연하죠. 즐겁게 사는 겁니다. 나는 즐겁게 살 겁니다. 그들이 저에게 좋은 경험을 할 멋진 기회를 준 걸요.

영현 : 그들이라면 어떤 존재를 말하는 건가요?

내담자 : 아, 당신은 이해하지 못할 겁니다. 영혼의 흐름을 도와주는 존재들이 있습니다.

영현 : 즐겁게 사는 게 목적이라면⋯ 당신의 인생은 태어나는 순간부터 모든 것이 즐거운 경험으로만 가득 차 있겠네요.

내담자 : 아니요, 그렇지는 않아요. 인생 초반에는 힘든 경험들이 꽤 있을 겁니다. 왜냐하면 진짜 즐겁게 살고 싶거든요. 처음부터 계속 즐거운 경험만 하게 된다면 저는 그것에 곧 익숙해질 겁니다. 그리고 긴 일생을 즐거움의 가치도 모른 채 무료하게 살다 갈 겁니다. 저는 결코 그것을 원치 않아요. 힘든 경험을 하고 그것으로부터 해방될 때 저는 진정으로 자유가 뭔지

ICS 정화와 소통: 영혼의 매트릭스

즐거움이 뭔지를 제대로 느끼게 될 겁니다. 그렇게 느끼는 즐거움은 이생에서 지속될 거고요.

더욱 놀라웠던 건 그 대화가 끝나고 최면에서 돌아 나온 내담자의 반응이었다.

내담자 : 선생님, 죄송합니다. 제가 피곤했는지 깊은 잠에 빠져 버렸네요. 상담은 어떡하죠?

꽤 긴 시간 이야기를 나눴음에도 불구하고 내담자는 아무것도 떠올리지 못한 채 멍한 표정으로 눈을 뜨고는 오히려 나에게 상담은 안 하고 깊은 잠에 빠졌다며 사과를 하는 것이다.

최면 중에 나타날 수 있는 이런 현상을 최면전문가들은 '자발적인 망각' 현상이라고 부른다. 이는 '트루 섬냄뷸리즘'이라고 부르는 깊은 수준의 최면적 이완에서 일어날 수 있는 반응이다.

어쨌든 그 후 내담자에게 최면 중에 우리가 나눈 대화에 대해 모두 말해주었지만, 그녀는 자신이 했던 말을 한사코 부정했다. 그런 이야기들의 내용이 결코 자신의 머릿속에서 나올 수 없는 것들이라고 말이다.

하지만 그의 강력한 부인에도 불구하고, 그 후 현실에서는 놀라운 변화들이 일어나기 시작했다. 내담자를 대하는 주변 사람들의 반응이 바로 달라졌고 처음으로 직장에서 능력도 인정받게 되었으며 만성적으로 힘들었던 장 트러블이 없어지는 등의 일들이 일어났다.

그리고 어느 날 상담을 찾아온 한 선생님이 있었다. 뭔가 늘 자신만 희생하고 사는 것 같은 억울한 감정에 너무 괴롭다고 하셨고, 우리는 그 감정의 매트릭스를 가로질러 원인을 찾기 위해 연령역행을 진행하고 있었다. 그리고 우리는 과거의 기억 매트릭스 속에서 6살의 내면 아이를 만날 수 있었다.

6살 아이는 시집살이와 일에 바쁜 엄마를 대신해서 어린 동생을 안고 있었다. 6살 아이도 사실은 아직 아기다. 몸도 작을 뿐 아니라, 한창 친구들과 뛰어놀아야 할 나이임에도 불구하고 이 6살 아이는 마치 다른 어른처럼 동생을 안고는 뛰어놀 수 없는 밖을 부러운 듯 바라보고 있었다. 어린 동생도 작은 언니 품에 안겨있는 게 불편했는지 버둥거리며 작은 손으로 언니를 연신 할퀴고 있었고 그런 동생을 억지로 안고 있는 6살 아이에게는 이 상황이 너무나 벅차고 힘들었다.

억지로 견디던 6살 아이는 왜 장녀라는 이유로 이래야 하느냐며 끝내 서러운 눈물을 터트렸다. 그리고 다시 역행해서 만나게 된 태아 또한 이미 엄마의 뱃속에서부터 모든 게 불편하고 무겁다고 말했다.

나는 영적 통찰을 위해 선생님을 영혼의 상태로 유도했다. 그리고 영혼에게 이것에 대한 조언을 구했다.

내담자 : 다음 생에서는 한 가지 숙제를 해야 해요. 그건 '엄마'로 만나게 되는 인연을 살리는 겁니다. 유년 시절의 내가 도와줘야 살 수 있어요. 그것은 영혼의 약속입니다. 그 후부터는 그저 즐겁고 재밌게 살면 돼요.

영현 : 그럼 이 중요한 사실을 이 사람이 잊어버리지 않고 살 수 있도록 해주세요.

내담자 : 네, 그럴 수 있어요.

그렇게 그 영혼은 다시 태아 속으로 들어갔고, 태아 상태에서도 영혼의 기억을 그대로 가지고 있다는 것을 확인한 후 이어서 6살 동생을 힘들게 안은 채 울고 있었던 장면으로 진행했다. 그러자 울고 있었던 6살의 내면 아이가 이제는 활짝 웃으며 이렇게 말했다.

"나 다 기억하고 있어요. 우리 엄마가 지금 너무 힘들어요. 내가 도와주지 않으면 위험해요. 그래서 기꺼이 내 약속을 위해 엄마를 살리는 중입니다. 지금은 하나도 힘들지 않아요."

그렇게 영혼의 목적을 알아차리는 순간, 그 기억의 매트릭스는 풀어져 나갔다. 상담 후, 그 내담자는 억울한 마음이 없어졌다고 했다. 내가 약해서 희생당했던 것이 아니라 영혼의 숭고한 계획이었다는 것을 알게 되고 자신에게는 그럴만한 힘이 충분하다는 것을 인식하게 되면서 그의 의식은 크게 성장했다. 본인이 커지니 '그 일'이 작아 보이는 것은 아주 당연하다.

유년 시절 혹독한 학대를 당했던 이가 있었다. 그런데도 그는 너무나 잘 성장했고 따뜻한 가정을 이뤘으며 멋진 직업까지 가지고 있었다. 누가 봐도 완벽해 보이는 그였지만 얼굴에는 과거의 상처가 가득했다. 과거의 지옥 속에 갇힌 듯 그에게 세상은 여전히 두렵고 피곤하고 무겁기만 하다고 했다. 그런 그에게, 그의 영혼은 이렇게 말했다.

"이곳에서 만들어진 상처를 이곳에서 스스로 해결할 수 있겠니?"

그는 이 말에 깊은 울림이 있다고 했다. 마치 영혼의 숙제를 함께 공유하는 자리에 선 듯한 느낌 말이다. 현명하게도 그는 할 수 있다고 했다. 그것이 현실을 직시하는 것임을 너무나 잘 알고 있었다.

'나를 괴롭히던 이들은 지금 없다. 나는 더는 힘없는 어린아이도 아니다. 지금 여기에는, 내가 사랑하고 나를 너무나 사랑해주는 이들이 있고 내 인생을 자랑스럽게 살 수 있는 멋진 능력 속의 내가 있다.'

그는 그것을 똑바로 직시하면서 진심으로 안심하고 감사하기 시작했고 마침내 그의 과거 기억이라는 질긴 매트릭스가 풀어졌다. 그리고 얼마 전에 다시 그를 만났을 때, 자신이 전혀 다른 세상으로 넘어온 것처럼 행복하고 즐거운 인생을 누리고 있다고 말했다. 현재의식이 영혼의 목적을 알게 된다는 것은 이렇게 인생의 진정한 주체자가 된다는 뜻이다.

◆ 내 안의 영혼, 잠재의식과 함께해야 하는 이유

어린 시절 책장에서 볼 수 있었던 동화 전집을 떠올려보자.『흥부놀부전』,『심청전』,『신데렐라』,『백설공주』등. 우리의 현재의식은 하나의 책 속에서 그 무엇을 완성한다. 그것이 정보에 의한 것인지, 영감적인 영혼의 에너지에 의한 것인지는 다르지만 어쨌든 나름 각자의 스토리를 전개해나간다. 시련을 경험하고 그 속에서 배움을 얻고 울고 웃으며 하나의 스토리를 완성시킨다.

거기에 반해 우리의 영혼은 수십 권의 전집을 읽으며 거대한 '배움'을 학습해나간다. 하나의 스토리만이 아닌 각각 다른 수많은 사연을 읽으면서 영혼의 거대한 목적을 이뤄나간다. 그래서 그들이 가지는 통찰과 지혜의 깊이는 현재의식과는 차원이 다르다. 현재의식이 현명해지기 위해 서랍 속에서 뒤적거리는 정보와 잠재의식이 현명해지기 위해 찾게 되는 초의식 속의 정보의 스케일은 완전히 다르다.

현재의식은 늘 익숙한 듯 수십 년 과거 기억의 정보를 뒤적이지만, 영혼은 수천 년 반복해온 스토리를 돌아보며 현명한 답을 찾으려 하고 더 나아가 근원에 가까운 순수한 신의 정보에도 접근할 수 있다.

물질의 기억이 반복되는 매트릭스 속에 진짜 기적은 없다. 새로움도 없고 희망도 없다. 말 그대로 영원히 돌고 도는 같은 매트릭스의 반복만이 있을 뿐이다. 하지만 영혼의 차원에서는 기적이 쉽게 일어날 수 있다. 모든 것이 새로울 수 있다. 그들은 만물의 에너지와 교감하는 존재이자 동시에 신의 세상에서 배움을 가지고 올 수 있는 존재이기에 가능하다. 보이는 물질 세상에 시야가 갇힌 현재의식은 우주의 에너지를 끌어와 창조할 수 없지만 영혼적 의식의 도움을 받는다면 우주의 에너지를 끌어와 일상인 듯 쉽게 기적 같은 변화를 만들어낼 수도 있게 된다.

기억과 함께하는 현재의식은 아주 나약하고 위태로운 존재이지만 영혼과 함께하는 현재의식은 우주와 세상 만물의 자원을 끌어 쓰는 대단한 존재가 된다. 그것이 내가 추구하는 인생의 진정한 희망이란 것이다. 그리고 하나의 생이 끝나갈 때 현재의식은 빛이 바래지기 시작한다. 육체가 점점 늙어가듯이 현재의식에도 힘이 점점 빠진다. 그럴 때 두 가지의 길이 정해진다. 힘이 빠진 현재의식이 감정과 생각이라는 매트릭스 속에 흡수되어 사라질 것인지, 아니면 물질적인 매트릭스 너머 내면 깊은 곳에 있는 영혼의 에너지로 흡수되어 갈 것인지.

ICS 정화와 소통: 영혼의 매트릭스

그리고 곧 다가오는 죽음과 함께 현재의식의 운명이 정해진다.

어떤 현재의식은 물질적 매트릭스에 완전히 흡수되어 사라지고 –
그 매트릭스 자체가 되는 것과 같다 – 어떤 의식은 본연의 영혼과 합
쳐진다. 그렇게 자신의 순수한 영혼과 합쳐진 현재의식은 이제 영혼
으로써의 불멸과 같은 시간을 이어갈 것이다. 이것이 우리가 미지의
세계에 걸쳐있는 우리의 잠재의식, 영혼의 매트릭스를 봐야 하는 이
유이다. 그리고 그것은 그들의 존재를 믿고 내 내면을 바라보는 것으
로 시작된다. 지금 이 순간, 내면을 향해 이렇게 속삭여보길 바란다.
그리고 이 말을 간절하게 기다리고 있었을 당신의 영혼을 느껴보길
바란다.

"나를 보고 있니? 나도 이제는 너와 함께하고 싶어."

3

시간을 초월한 매트릭스 : 미래

◆ 시공간의 중첩 - 나의 이야기로부터

뜨거운 열기로 가득한 8월의 어느 날이었다. 그 당시 우리 집은 지대가 높은 조금은 외진 곳에 있었다. 그러다 보니 집 앞까지 오는 교통편은 마을버스가 유일했고, 이 유일한 마을버스는 배차간격이 커서 늘 땡볕이나 살을 에는 듯한 추위 속에서 수십 분을 기다려야만 했다. 다른 교통편을 이용하기 위해서는 10여 분을 넘게 언덕을 오르고 내려가야 했는데 날씨가 좋지 않을 때는 그것 또한 힘들기는 마찬가지였다. 그날도 해가 쨍쨍한 한낮에 그늘 한 점 없는 버스 정류장에 서서 버스가 오기를 기다리고 있었다.

그러다 순간 근처에 있는 나무를 바라봤는데 나무가 일렁일렁 움직이는 듯 보이는 것이다. 마치 두 개의 비슷한 홀로그램이 겹쳐있는 듯 아주 묘하게 일렁였다. 순간 나는 내 눈을 의심하고는 눈을 비비고 다시 봤다. 그런데도 여전히 나무는 그렇게 보였다.

'너무 더워서 내가 어지러운가 보구나…'

그렇게 생각하며 다시 찻길을 응시하는데, 자가용 한 대가 눈앞을 빠르게 지나갔고 나는 기겁하고야 말았다. 자가용 조수석에 내가 앉아있는 것이다. 그리고 나에게 마치 이런 말을 하는 것 같았다.

"곧 편한 곳으로 이사 갈 거야!"

나는 곧 아주 마음이 편해졌다. 이사를 간다는 말 때문에? 전혀 아니다.

'음, 정말 더운가 보네. 더위 먹어서 헛것이 다 보이다니…. 허허.'

그리고 이 일은 아주 대수롭지 않은 듯 금방 잊었다. 그 후로 1년여의 시간이 흐른 후 실제로 나는 교통이 아주 편리한 곳으로 이사를 하게 되었다. 드디어 15년의 고생이 끝난 것이다. 하지만 정작 버스정류장에서의 그 일은 까마득하게 내 머릿속에서 잊힌 뒤였고 나는 이 사실의 연관 관계를 전혀 눈치채지 못했다.

그렇게 얼마의 시간이 흐른 후 어느 날, 한 지인과 함께 다른 지방에 다녀올 일이 생겼다. 8월의 유난히 무더웠던 날에 나는 어느 지방에 갔다가 다시 지인의 차를 타고 집으로 돌아오는 중이었다. 무심코 옆을 보다가 '어! 예전에 살던 동네네' 하는 순간, 마을버스 정류장에 서 있는 나와 아주 비슷하게 생긴 한 여자를 발견했다. 그리고 그 순간 예전에 고생했던 내가 생각나서 피식 웃으며, 나를 닮은 저 여자가 마치 실제 나라도 되는 양 마음으로 기분 좋게 소리쳤다.

'힘들지? 걱정하지 마. 너 교통 편한 곳으로 이사 갈 거야.'

순간 뒷머리가 뻣뻣하게 서면서 온몸에 전율이 흐르듯 소름이 돋았다. 그는 나를 닮은 여자가 아니었다. 실제로 2년 전의 나였다. 그리고 2년 전에 나는 지금을 미리 경험했었다. 2년의 시차를 두고 어느 찰나의 순간에 현재와 미래가 겹쳐있던 것이다.

수년 전의 일이다. 아주 한가로운 오후 3시, 집에서 여유롭게 소파에 앉아 티브이를 켰다. 마침 케이블의 어느 한 채널에서 영화 〈인터스텔라〉가 방영되고 있었다. 이 영화는 개인적으로 블랙홀에 관심이 많은 나에게 아주 흥미롭고 인상 깊은 영화였다. 그중에서도 특히 남자주인공이 블랙홀에 빠져, 모든 시공간이 3차원으로 배열되어 동시에 존재하는 공간을 경험하게 되는 순간이 가장 인상 깊었는데 마침 티브이에서 딱 그 장면이 나오는 것이다. 나는 자연스럽게 그것에 몰입하게 되었는데, 그 순간 눈앞에서 이상한 장면이 느껴졌다. 그것은 마치 내가 예전에 경험했던 제드 상태처럼 한 공간에 두 개의 상황이 겹쳐진 느낌이었다.

겹쳐진 장면은 이랬다. 아주 작고 늙은 백발의 한 노인이 책상에 웅

크리고 앉아있더니 갑자기 의자를 박차고 일어나는 것이다. 그리고는 나를 향해 떨리는 소리로 말했다.

"정말 이런 날이 올지는 몰랐어. 평생 시도는 했지만 정말 이렇게 너를 만나게 될지는 몰랐어… 오… 세상에…"

나는 그 낯선 노인을 향해 물었다.

"당신이 누군데요?"
"나는 90대의 너야. 믿지 못하겠지만, 정말로 나는 90대의 너야."

머릿속에서 이 상황에 대해 분석할 새도 없이, 순간 이 장면은 마치 주파수가 안 맞는 것처럼 지직거리며 사라지기 시작했다. 그때 그 노인이 다급하게 소리쳤다.

"꼭 비타민을 먹어!"

비타민을 먹으라고? 참 어이가 없었다. 나는 그 자리에서 혼자 껄껄 웃고 말았다. 이 무슨 코미디 같은 일인가. 하다못해 정말 미래의 나였다면 로또 번호를 말해준다든지, 아니면 대박 날 주식 종목을 말해줘야지, 난데없이 비타민을 먹으라고 하니 말이다.

사실 나는 살면서 비타민을 챙겨 먹은 적이 거의 없었다. 유해한 화학성분이 많을 것 같은 약에 대한 거부감이 컸기 때문이다. 하지만 나는 그 후로 마음이 심란했다. 망상이라고 치부해버리고 싶었지만 마음 한편에서는 '정말 그게 나에게 중요한 걸 수도 있잖아'라고 말하고 있었다. 그리고 이미 그 마음은 비타민에 대해 열심히 검색하는 행동으로 드러나고 있었다.

그동안 거부감으로 아예 거들떠보지도 않았던, 우리 몸에 반드시 필요한 필수 비타민과 미네랄에 대해 정보를 찾아보면 볼수록 그 기능과 중요함에 놀랄 수밖에 없었다.

수많은 연구 결과에 의하면, 비타민과 미네랄은 단순히 활기를 돕거나 몸의 기능에 보조적인 역할만을 하는 것이 아니었다. 이것이 부족했을 때 신체적, 정신적으로 큰 질병이 생기거나 노화의 결정적인 진행에도 큰 역할을 하는 것으로 밝혀지고 있었다. 이런 것들을 공부하면서 나는 자연스럽게 나에게 필요한 비타민을 처음으로 챙겨 먹기 시작했다.

그리고 한 달여 뒤, 한가로운 오후 3시였다. 혼자서 평화롭게 소파에 앉아 티브이를 켰다. 내가 좋아하는 영화 〈인터스텔라〉가 나오고 있었고 놀랍게도 이번 역시 딱 블랙홀의 그 장면이 나오고 있었다. 나는 순간 이상한 느낌이 들었고 아니나 다를까 예전 같은 현상이 일어났다. 또 다른 공간이 내 거실에 겹쳐있는 느낌말이다. 나는 이 짧은 순간을 놓치지 않기 위해서 폭풍같이 말을 쏟아냈다.

"당신이 진짜 내 미래인지는 모르겠지만, 암튼 당신이 말해준 대로 비타민을 먹기 시작했어요. 생각보다 괜찮더라고요…. 그리고 음…."

순간 이상했다. 그 공간의 인물이 예전에 내가 만났던 그 노인이 아닌 것이다. 지금의 공간에서 느껴지는 그 인물은 90대가 아닌 70대 중반 정도 되어 보였다.

"어? 다른 사람이네요. 당신은 70대의 나인가요?"
"아니, 내가 맞아. 네가 비타민을 먹었잖아."

그리고 반전에 놀랄 새도 없이 이 장면은 다시 사라져버렸다. 일단 결론부터 말하자면 그런 일은 다시 일어나지 않았다. 그리고 그 후로 비타민을 잘 챙겨 먹은 나는 예전보다 훨씬 건강해졌다. 또한 'ICS 정화와 소통™'에 있어 '몸'이라는 물질적인 존재와 '정신'이라는 의식적인 존재를 함께 조화시키는 데 큰 계기가 되었다. 이로 인해 'ICS 정화와 소통™'을 실천하는 많은 분에게도 긍정적인 시너지 효과가 일어났고 지금도 많은 사람으로부터 건강해졌다는 감사의 연락을 꾸준히 받고 있다.

사실 이 체험들이 그저 내 안에서 상상으로 만들어낸 해프닝이라고 해도 상관없다. 중요한 것은 그것으로 인해 물질 세상에 많은 변화가 실제로 일어났다는 것이다.

어쩌면 지금 당신은 나에게 많은 질문을 하고 싶을지도 모르겠다. 미래가 어떻게 지금에 중첩될 수 있는지 그리고 우리가 어떻게 그것을 느낄 수 있는지. 그렇다면 미래는 정해진 것인지, 아니면 유동적인 것인지. 비타민을 먹지 않은 90대의 그 노인은 그럼 어디로 사라져버린 건지. 왜 이 체험을 마음대로 조절할 수는 없는지 등등.

하지만 나는 그 어떤 것에도 당신이 원하는 명쾌하고도 완벽한 답을 할 수가 없다. 왜냐하면 나도 정확하게 아는 것이 없기 때문이다. 다만 이 부분에 대해 절대적인 사실을 논리적으로 말할 수 있는 사람은 적어도 지구상에 없다는 것은 확신할 수 있다.

우리가 사실이라고 믿고 주장하는 것들은 대부분 지식과 상식에 근거하고, 그 지식과 상식들은 결국 과학적으로 타당성을 인정받은 증명 속에서 만들어진다. 이것은 참 허무한 일이다. 과학적 근거 안에서 만들어지는 사실들은 과학적 기술이 발전함에 따라 끊임없이 뒤집힐 수밖에 없으니 말이다. 실제로 우리 인류는 불과 몇백 년 전만 해도 지구가 평평하는 것을 절대적인 사실로 믿고 살아왔다.

ICS 정화와 소통: 영혼의 매트릭스

현재 우리가 누리고 있는 과학기술은 끝을 알 수 없는 미지의 우주에 비하면 한낱 개미의 한 걸음에도 못 미칠 것이다. 그러니 과학적 근거에만 세상을 의지하고자 한다면 결국 이 세상은 좁고 또 좁아질 수밖에 없고 우리는 영원히 개미의 2차원 속에 갇히게 될 것이다.

언젠가 한 영화에서 본 인상 깊은 대사가 있다.

'우리가 알고 있는 지식이 물방울 하나라면 그 실제는 바다와 같다.'

케오라도 이와 비슷한 말을 한 적이 있었다.

'네가 완벽하게 보고 있다 말하는 그것도 결국은 전체의 한 면일 뿐이야.'

우리의 의식이 내면 깊은 곳의 고요함에 다다를 때 우리는 영혼들의 정보에 접근할 수 있게 된다. 물질 안에서는 결코 물질을 제대로 볼 수 없다. 깊은 고요함의 심연 속에 들어서면 그 고요함이 우리의 의식을 향해 영혼의 정보들을 올려주고 비로소 우리는 내면 안에서 거대한 세상의 조각 하나를 엿볼 수 있게 된다.

어딘가에, 어느 시간에 무엇이 존재하고 있다는 것은 의미가 없다. 왜냐하면 그 모든 것이 한 곳에 중첩되어 있기 때문이다. 지금 이곳, 지금 '나'라는 존재 안에 그 모든 것이 있다. 우주가 있고 세상이 있고 타인이 있고 수천 년의 기억들이 매트릭스 배열처럼 촘촘하게 짜여있다. 모든 차원, 시간, 사연들이 말이다.

그리고 시간은 결코 한 방향으로 흘러가고 있지 않다. 뫼비우스의 띠처럼 중심점(현재 또는 현재의식의 초점)을 사이에 두고 과거와 미래가 동시에 빙글빙글 돌아가며 영향을 주고받고 있다. 그동안 인식하고 있던 시간은 과거에서 현재로 현재에서 미래로 흘러가는 선의 이미지고, 당연한 듯 과거가 원인이 되고 그 원인이 일방적으로 현재와 미래에 영향을 준다고 생각하며 살아왔다. 하지만 이것은 우리가 가지고 있는 착각 중 하나일 뿐이다.

원인과 결과의 고정적인 지점은 없다. 끊임없이 원인이 결과가 되고 결과가 다시 원인이 되며, 다시 말해 과거가 미래를 바꾸고 바뀐 미래가 다시 흘러가서 과거를 바꾸는 끝없는 순환만이 있을 뿐이다. 그리고 이 순환의 반복 속에서 뫼비우스의 띠는 결코 끊어지지 않은 채 그 성질만 조금씩 바뀌게 된다.

결국 이 순환에서 시작과 끝, 원인과 결과를 찾는 것은 의미가 없다. 실제로 최면상담 시, 내담자들을 깊은 이완으로 유도한 후 과거와 현재 미래를 넘나들 때 그것을 확인할 수 있다.

현재의 자발성이 과거의 오해를 풀어내고 그렇게 바뀐 과거가 현재와 미래를 바꾸게 되고 다시 미래의 자아상이 현재와 과거를 바꾸게 된다. 이 순환 속에서 이미 원인과 결과는 무의미해지며 중요한 것은 이 순환으로 인생의 질이 바뀌게 하는 것에 있다.

신은 최초의 무엇 하나만을 만든 것이 아니다. 신은 이미 과거, 현재, 미래 모든 것을 동시에 만들었고 그것들의 반복적인 순환 시스템을 만들었을 뿐이다. 그리고 궁극적으로 우리의 영혼은 이 끝없는 순환 속에서 벗어나 이 순환 자체를 바라볼 수 있을 때 그 영혼의 윤회 고리는 끊어질 것이다. 그리고 순환에서 벗어난 그 자리가 바로 신의 자리일 것이다.

'과거, 현재, 미래의 구별이란 고질적인 환상일 뿐이다.'
– 알버트 아인슈타인 –

◆ 매트릭스의 배열 – 신이 주는 기회

우리가 의식적으로 인식하는 것은 대부분 기억 안에서 이루어진다. 마치 세상의 모든 진리를 과학적 근거에만 의지하려는 우리의 고질적 습관처럼, 우리의 의식도 기억 안에서만 '나'와 내 인생을 인식하려고 한다. 그럴 때 우리의 인생은 오해와 착각으로 왜곡돼버린다.

사실 기억만큼 불안정한 것도 없다. 여러 사람이 똑같은 상황을 경험했다고 했을 때, 그들은 각각 다른 모습의 기억으로 그것을 저장하게 되고 결국 하나의 사실이 여러 개의 사실로 나뉘어버리는 모순이 종종 일어나게 된다. 학창 시절의 친구와 오랜만에 만나서, 과거 함께 했던 어느 때에 대해 이야기를 나누다 보면 내 기억과 그 친구의 기억이 완전히 다르게 입력되어 있었던 것을 우리는 빈번하게 경험할 수 있다. 내 안에서조차, 똑같은 기억을 놓고 그것에 대한 감정과 생각이 변하게 되면 완전히 다른 기억처럼 바뀌기도 한다. 이렇게 불안정한 기억에서 벗어나지 못하면 우리는 영원히 왜곡된 오해와 착각이 만든 환상 속에서 살아가게 된다.

의식적인 인식이 있든 없든 상관없이, 미래의 나는 중첩된 현재와 과거를 향해 늘 영향을 주고 있다. 어쩌면 우리가 일상에서 가끔 느끼는 데자뷰 현상이나, 처음 하는 일인데 그 방법이 익숙하게 느껴진다거나 어떤 문제에 대한 해결방법이 불현듯 떠오를 때 미래의 나로부터 영향을 받은 것일지도 모른다. 그리고 나는 그것에 기반해 어떤 행동과 선택을 취하고 그럴 때 미래는 다시 바뀌게 된다. 그렇다면 내가 그 행동과 선택을 취하지 않았을 때의 미래는 어떻게 되는 것일까?

앞서 말한 시간의 뫼비우스 띠는 그 안에서도 수 갈래의 경우의 수로 끊임없이 갈라지고 다시 통합되고를 반복하면서 그 성질과 색이 바뀌고 있다. 그 성질과 색이 바뀐다는 건 우리가 인식하는 기억이 바뀐다는 것과 비슷하다. 우리는 변하지 않는 고정된 기억만을 가지고 살아간다고 믿지만 결코 그렇지 않다. 매 순간순간 기억은 늘 흩어지고 다시 통합되기를 반복하면서 변하고 있고 우리는 그것을 인식하지 못한 채 스스로 같은 기억을 유지하고 있다고 믿어버린다.

어젯밤에 내가 저녁을 먹었다고 기억한다면 실제로 나는 저녁을 먹은 것이 사실이라고 인식한다. 하지만 어느 순간 내 기억이 바뀌어서 저녁을 아무래도 먹지 않았던 것 같다고 느낀다면 우리는 다시 그것을 명백한 사실인 것처럼 자연스럽게 인식해버린다. 언제, 왜 기억이 혼동을 일으켜 바뀌게 되었는지 우리는 전혀 알아차리지 못한 채 이 사실에서 저 사실로 당연하고 익숙한 듯 새로운 경우의 차원으로 넘나든다.

여기서 더 흥미로운 것은 시간의 순환뿐 아니라 모든 매트릭스가 의식적으로 인식할 수 없는 찰나의 아주 짧고도 짧은 순간마다 주기적으로 그 배열이 흩어졌다 모이기를 반복하고 있다는 것이다.

이것은 마치 모든 존재의 매트릭스를 품고 있는 신이 숨을 쉬는 것처럼 느껴지기도 한다. 날숨에 매트릭스의 배열이 흩어지고 들숨에 그 배열이 모여서 똑같은 현상을 만들어 내는 것처럼 말이다. 그리고 신의 숨소리를 전혀 인식할 수 없는 우리는 똑같은 상태가 지속되고 있다는 착각을 하게 된다. 이 부분은 인생에 있어 아주 중요한 통찰을 일으킨다. 그것은 바로 모든 것들이 너무나 유동적이라는 것이고, 이는 곧 그 어떤 것도 쉽게 변화될 수 있다는 것을 뜻하기 때문이다.

나를 이루는 모든 매트릭스가 찰나의 순간에 그 모습이 흩어지고 다시 원래의 모습으로 자리를 잡는 그 순간에 우리가 그 배열을 끊을 수도 있고 바꿀 수도 있다. 결국 그 배열을 원래의 모습대로 유지하는 것은 내가 그것에 대한 집착을 내려놓지 못하고 있기 때문이다. 끊임없이 우리는 마음에서 그것들을 아주 강렬하게 붙잡고 똑같은 모습으로 만들기를 반복한다.

신이 매트릭스를 흩어놓을 때마다 우리는 특정 생각과 감정을 믿고 특정 선입견을 사실로 확신하고 그것이 중요하고 당연하다는 강한 고집을 반복하면서 아주 열심히 그 배열을 다시 만들고 다시 만들기를 반복한다. 결국 그 수고로움이 진짜 우리를 지치게 만드는 이유다. 다시 말해 그 문제 자체가 우리를 지치게 하는 것보다 매번 흩어진 문제를 정성스럽게 만들고 또 만들어내는 것이 궁극적인 고통의 근원일지도 모른다. 우리는 그 문제를 그 고통을 유지하기 위해 이렇게 엄청난 정성을 들이는 것이다. 참 아이러니하지 않은가. 신이 주는 매 순간의 기회를 우리는 그렇게 늘 매 순간 거절하고 있었던 것이다.

10년의 고질적인 그 문제도, 수십 년의 깊은 그 고민도, 평생을 이어져 온 그 악연도 찰나의 순간에 흩어져서 풀어질 수 있다. 그것의 매트릭스가 흩어진 그 짧은 찰나의 순간에 우리가 그것을 더 이상 붙잡지만 않는다면 말이다.

사실 우리의 의식은 결코 이것이 흩어지는 그 순간을 알아차릴 수 없다. 하지만 그것은 매 순간 늘 일어나고 있으므로 우리는 그 순간을 알아차릴 필요도 없다. 더 정확히 말하자면 '이 문제를 이 찰나의 순간에 붙잡지 않겠어'라는 구체적인 계획이나 의식적 노력이 전혀 필요치도 않고 사실상 인식하는 것도 불가능하다는 말이다.

우리가 할 수 있는 가장 최선의 방법은 그저 일상에서 모든 것에 힘을 빼는 연습을 하는 것이다. 그럴 때 신의 쉼 속에서 우리의 잠재의식이 그것을 가장 유리하게 변형시키거나 풀어낼 것이다. 우리의 현재 의식은 그저 고요함과 유연함의 배경을 만들어주고 그것의 구체적인 작업은 신의 에너지를 직접 느낄 수 있는 우리의 잠재의식이, 신이 제공하는 그 미묘한 기회의 순간에 아주 정교하고도 섬세한 작업을 완벽하게 해나갈 것이다.

그리고 일상에서 힘을 빼는 연습 또한 그렇게 어렵게 생각할 필요가 전혀 없다. '이것만이 옳고 이것만이 당연하고 이것만이 중요하다'고 말하는 나의 내적 고집이 똑같은 매트릭스를 끊임없이 만들어내는 힘이 된다. 내 안에서 아주 익숙하고 명백한 사실이라고 믿고 있는 것들을 인식하고 그것으로부터 한발 물러설 수 있다면 당신의 힘은 상당히 유연해질 것이다.

스스로에게 질문해보라.

'나는 어떤 근거로 그것을 명백한 사실이라고 믿어왔을까?'

스스로를 설득하라.

'내가 단정 짓고 있는 그것이 당연하지 않을지도 몰라.'

◆ 미래의 나로부터 - 그들의 이야기

미래는 우리의 뇌가 인식하고 있는 기억 공간의 밖에 존재하고 있어서 아쉽지만 우리는 미래에서 오는 영향을 인식할 수가 없다. 분명지금의 현재에는 과거와 미래가 동시에 영향을 주고 있지만 말이다.

사실 우리의 현재의식이 인식하는 과거의 영향도 대부분 오해로 비롯된 잘못된 인식이거나 실제적인 영향력의 극히 일부에 불과하다. 하지만 종종 최면이나 깊은 명상을 통해 우리는 현재에 영향을 주고 있는 과거의 직접적인 원인을 인식하고 분석할 수 있게 된다. 그래서 나는 미래의 영향력도 최면을 통해, 인식할 수 있는 내적인 범위 안에서 활용해보기로 했다. 그리고 그것이 ISIP 프로그램에 임종 체험이 들어가는 이유이기도 하다.

나는 그동안 많은 사람에게 자신의 임종을 상상하고 체험할 수 있게 해왔다. 임종은 말 그대로 이생의 끝자락에 서 있는 순간이다. 모든 것들을 경험했고 모든 시행착오를 겪었고 충분히 아파하고 충분히 방황했을 것이다. 이런 이유로 어쩌면 이 생에서 가장 성숙한 순간인지도 모른다.

그렇게 집착하며 놓지 못했던 물질들이 더 이상 내 것이 아니라는 것을 자각할 때 우리는 과연 어떤 통찰을 하게 될까? 모든 것들을 내려놓은 그 순간에 우리는 치열했던 과거의 나를 향해 어떤 조언을 해줄 수 있을까?

'죽음'이라는 것에는 우리가 생각하는 그 이상의 중요한 가치가 있다. 죽음이라는 과정에서 '나'에 대한 모든 결과가 정산된다. 나의 현재의식은 영혼으로 진화하고 있는가 아니면 심층의식의 자원 자체로 소멸되고 있는가. 그리고 이 생에서 또다시 영혼이 짊어지고 가야 할 짐이 얼마만큼인가. 나는 이 생에서 얼마나 쌓기만 하고 정작 비우고 정화하지는 못하고 있었나. 이것을 이해하고 임종을 체험하게 되면 우리는 더 큰 각성과 통찰을 할 수 있게 될 것이다.

결국 다음 생으로 이어지는 카르마는 죽음의 순간에 놓지 못하는 것들이다. 누군가에 대한 애착과 원망, 물질에 대한 결핍과 욕심, 무엇에 대한 후회와 미련, 어떤 신념과 깊은 감정들이 고스란히 영혼의 손에 쥐어지고 그것은 다음 생을 구성하는 재료가 된다.

그래서 나는 내담자들의 임종 체험에서 무엇을 놓지 못하고 있는지 어떤 부분에서 후회와 미련이 남아있는지를 꼼꼼히 살펴본다. 물론 이것은 실질적인 미래가 아니라 지금 현재의 내적 표상이 반영된 가상의 미래상이다. 하지만 결국 내가 지금 무슨 색의 물감을 들고 있는 것인지 확인하는 만큼 실제 미래의 색도 거의 동일하게 진행될 확률은 아주 농후하다.

그리고 깊은 이완에서 체험하는 미래상에는 실제 미래의 한 매트릭스로부터 에너지가 실릴 확률 또한 꽤 크다. 고로 이 작업을 통해 미래에서 오는 영향력을 조금은 가까이에서 인식하고 통찰할 기회가 될 수도 있다. 또한, 현재의 내가 과거의 기억 매트릭스 속으로 들어가서 유년시절의 아이들을 해방시켰듯 미래의 매트릭스 속에서 지금 현재의 내가 해방될 수도 있다.

다음은 내가 많은 내담자와 진행해왔던 임종 체험에서 임종을 앞둔 미래의 그들이 자신을 향해 남긴 메시지들이다. 미래에서 주는 통찰을 통해 현재의 매트릭스가 어떤 아름다운 자극을 받게 되는지 그 따뜻한 메시지를 함께 음미해보길 바란다.

많은 체험을 한 삶이었어요. 그런데 지나고 보니 좀 더 많은 사람과 함께했더라면 싶네요. 제가 저 자신을 챙긴다고 바빠서 주변 사람들에게 신경을 많이 못 써준 부분이 있었던 것 같아요. 그리고 만약 다시 젊어진다면 더 다양한 체험을 하고 싶어요. 용기 내서 외국에서도 한번 살아보고 싶고요. 그리고 과거의 나에게는 이렇게 말해주고 싶어요.

"걱정하지 말고 즐겨. 살아보니 걱정…
그거 아무것도 아니야. 걱정을 두려워하지 마."

나는 내 죽음을 이미 알고 있었어요. 오늘이 그날이네요. 참 감사하고 행복한 삶이었습니다. (감사의 눈물) 나는 오래전에 운 좋게도 내 전생을 알게 되었죠. 전생에서의 나는 희생으로 자신의 삶이 없었어요. 그게 참 마음이 아팠어요. 그래서 이번 삶에서는 나를 위해 더 열심히 노력했어요. 그리고 이제는 후회가 없어요. 이 삶으로 전생도 치유가 됐을 겁니다. 나는 많은 것을 누렸고 감사하게도 많은 사람이 그걸 옆에서 도와줬어요. 젊은 사람들에게는 이렇게 조언해주고 싶어요.

"마음의 소리를 들으세요."

젊었을 땐 왜 그리 걱정만 많이 하고 살았는지 모르겠네요. 지나고 나면 다 아무것도 아닌데 말이에요. 순간순간을 즐기지 못했던 것이 후회돼요. 다시 그때로 돌아간다면 좀 더 걱정 없이 가볍게 살고 싶어요. 내 자식들에게 유언을 남긴다면 이렇게 말할 겁니다.

제3부 **미지의 세계 (영혼의 차원)**

"인생을 활기차게 살아라.
매 순간을 즐기면서 즐거운 세상 경험을 많이 해라."

예쁘게 잘 살아왔어요. 에휴…. 물론 힘든 일들도 있었죠. 그런데 제 인생에 꼭 필요한 일이었어요. 그걸 기반으로 제 인생이 성장했고 결국은 잘 풀리더라고요. 그래서 다시 돌아갈 필요가 없을 정도로 후회 없는 삶을 살아온 거 같아요. 지금은 그저 감사함만 가득합니다. 내 인생에서 가장 방황했던 30대의 나에게 이렇게 조언해주고 싶네요.

"모든 경험은 소중해. 작은 것도 다 소중해.
그리고 이 모든 게 결국은 묶인 발을 풀어나가는 과정이야.
스스로 해야 해서 치열해.
하지만 난 그걸 결국은 다 풀었어. 그러니 힘내!"

임종 체험이 끝난 그들에게는 이제 신의 축복이 주어진다. 바로 새로운 인생을 다시 얻는 것이다. 수십 년 전의 전성기로 돌아가 새로운 인생을 시작하게 된다. 임종에서 느꼈던 통찰을 그대로 간직하고 젊은 자신에게 하고 싶었던 메시지를 가슴속에 새긴 채로 기존과는 다른 새로운 매트릭스의 길 위에 서게 되는 것이다.

이는 말 그대로 축복이다. 임종에서 바라본 현시점은 무조건 더 젊고 무조건 더 건강하고, 모든 가능성이 열려있는 생생한 삶의 한가운

ICS 정화와 소통: 영혼의 매트릭스

데로 보일 것이다. 한 치 앞만 보던 시선에서의 현재는 늘 빡빡하고 시들하게 보였을 것이다. 과거 속에서 현재를 볼 때는 늙은 내 모습, 초라한 내 모습만 보였을 것이다. 그리고 미래의 허상 속에서 현재를 볼 때는 불만족스럽고 희망 없이 메말라 있는 내 인생만 보였을 것이다.

이렇게 관점을 바꿔서 보면 내 인생의 색깔이 완전히 달라 보일 수 있다. 우리는 지금이 가장 아름답다!

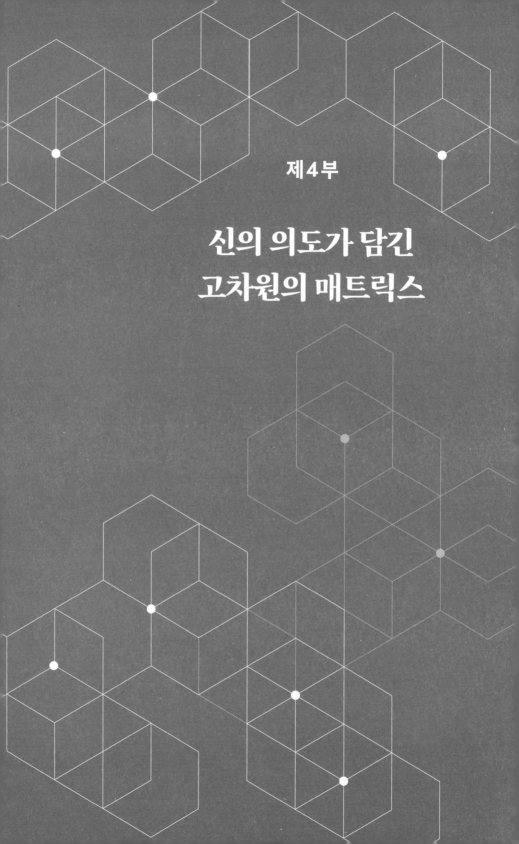

제4부

신의 의도가 담긴
고차원의 매트릭스

우리는 물질적인 매트릭스를 넘어 미지의 비물질적 매트릭스 그리고 마침내 매트릭스의 끝자락, 신에게로 가까이 다가왔다. 나는 그동안 무신론자에 가깝게 살아왔지만, 인생을 이루는 매트릭스를 알아가는 과정에서 신에 대한 자각이 저절로 일어날 때가 종종 있었다.

결국 모든 것의 끝에 신의 존재를 놓지 않으면 아무것도 해결할 수가 없고 아무것도 마무리될 수 없음을 수없이 느끼게 된다. 그래서 지금은 신이라는 존재를 깊이 인정한다. 비록 여전히 의식적인 수준에서 그의 의도와 완벽하게 함께할 수 없을지라도 신이 있음을 완전히 받아들일 수밖에 없었다.

나에게 신은 그런 존재다. 이해할 수는 없지만 받아들일 수밖에 없는 존재. 당신도 신을 머리로 이해하려고 하면 안 된다. 하지만 그냥 받아들일 수는 있다. 그럴 때 우리는 신에게 더욱 가까워진다. 당신에게 신은 어떤 존재인가. 당신은 신을 어디서 보려고 하는가. 우리는 수천 년 동안, 신의 선택을 받은 듯한 특별한 사람을 통해 또는 어떤 특별한 이가 기록해놓은 문서를 통해 신을 찾으려 해왔다. 그리고 그것은 종교라는 모습으로 진화되었으며 여전히 사람들에게, 특정인을 통해서만 어떤 규율 속에서만 신을 만날 수 있다고 말한다.

그렇다면 이것으로 지금까지 인류는 정말 신과 함께 해왔다 말할 수 있을까? 역사 속 인류는 정말 신의 모습으로 진화해온 게 맞을까?

신의 이름으로⋯ 특정 종교의 이름으로⋯ 역사적으로 우리는 사실 너무나 많은 죄를 지어왔다. 순수함이 권력과 명예에 대한 욕심으로 변질되고 수많은 사람을 전쟁으로 이끌었으며, 그 과정에서 정작 신이 만든 신성한 작품들은 잔인하게 파괴되어왔다.

나는 개인적으로 대대적인 종교개혁이 정말로 필요한 때가 왔다고 생각한다. 그것은 특정 종교를 비방하는 것과는 전혀 다르다. 나는 여전히 많은 종교의 자유를 인정하고 존중한다. 다만 그 신의 믿음에 있어 종교적 틀을 초월하는 의식적인 진화가 필요하다는 부분을 말하고 싶다. 그리고 그것은 신을 더 이상 외부에서 찾지 않는 것으로부터 출발한다.

신은 가장 고요하고 가장 순수한 곳에서 만날 수 있으며, 그 자리는 결코 물질 세상이 아니라 당신의 심연 깊은 내면에 있다. 그리고 신은 누군가의 모습이 아니라 바로 당신의 모습으로 외부에 드러난다.

우리의 매트릭스가 풀어져서 순수하고 고요한 공간이 만들어졌을 때 그곳으로 신의 메시지는 유유히 흘러들어오고 다시 그것은 나의 눈빛으로, 나의 행동과 말로 은은하게 드러나게 된다. 모든 것이 중첩되어 있다고 했듯이 결국 천국과 지옥도 궁극의 어리석음과 궁극의 순수함도 함께 존재하고 있다. 그리고 지금 당신의 그 자리에 이미 신도 함께하고 있다.

1

신에게로 다가가다

◆ 인간이 닿을 수 있는 신의 존재

케오라는 종종 영혼의 세상에 대한 이야기를 해주곤 한다. 하지만 의심하기 좋아하는 나는 대부분 흘려버렸다. 참으로 황당한 이야기들을 당당하게 말하고 있는 지금의 나지만, 실은 누구보다 분석적이고 의심 많고 현실적 증거나 실속을 중요하게 생각하는 나였다.

하지만 긴 시간 동안 ISIP(ICS 영적 통찰 프로세스™)를 진행해오면서 많은 사람의 영혼 세상에 대한 이야기를 들어왔고, 그중에는 신기할 정도로 케오라가 말한 부분과 일치한 것들이 꽤 있었다. 그리고 분명히 말할 수 있는 건, 이 과정에서 그 어떤 작위적인 유도 암시도 전혀 없었다는 것이다. 또한, 이런 표현들에는 나이나 종교, 평소 믿어왔던 신념에 상관없이 공통적인 것들이 꽤 있었다. 물론 이 과정에서 가장 중요한 전제는 이를 표현하는 이들의 깊은 내적 이완과 그들 잠재의식의 협력이 있어 줘야 한다는 것이다.

일단 공통으로 많은 사람이 묘사하는 영혼의 세상에는 영혼의 무리가 있다는 것이었다. 마치 인간들이 이루고 있는 마을의 개념처럼 여러 영혼이 모여있는 공간들이 있는 듯했다. 그리고 영혼들 사이에도 친분이 있었고, 이런 친분은 윤회에 있어 서로 협력하는 관계로 현실에서 인연을 맺는 경우가 많았다. 이 협력은 때론 악연으로 나타나기도 하는데, 이는 겉으로만 악연일 뿐 실은 이것으로 인해 큰 성장이나 좋은 기회를 가져오기 위한 협력자의 위치에 있는 것이었다.

영혼의 세상 어디에도 우리 인간들이 말하는 천국이나 지옥은 없었다. 심판하는 절대적이고 권위적인 신도 물론 존재하지 않았다. 우리가 흔히 상상해왔던 사후 세상은 참 자극적이고 엄격하고 무서운 곳이지만, 많은 사람의 내적 자원에서 확인하게 된 그 세상은 어찌 보면 참 싱거운 곳이기도 했다. 그저 모든 것이 평화롭고 담담했으며 유일하게 심각한 게 있다면 윤회에 대한 영혼들의 고민이었다. 어찌 보면 이런 묘사가 한편으로 불편하기도 할 것이다. 나 또한 처음에 케오라로부터 이런 식의 이야기를 들었을 때 제일 먼저 떠오른 생각이 이것이었다.

'뭐? 심판도 없고 천국 지옥도 없다고? 그럼 다른 사람들을 괴롭히거나 큰 피해를 준 자들은?'

실제로 모든 영혼은 살인을 저지르든 어찌 됐든 영혼의 세상에서 다들 휴식을 취했다. 어찌 보면 참으로 불공평한 일이지 않은가.

하지만 케오라는 모든 것이 무서울 정도로 완벽하고 공평하게 돌아가고 있다 했다. 물질 세상에서 했던 모든 행동, 말들, 생각, 감정들은 물질 세상에서 스스로 정화하지 않는 한 억겁의 세월을 반복하며 영혼에 남아있기 때문이다. 그 기록들은 인생 안에서 지옥을 만들어내고 때론 천국을 만들어내기도 한다. 결국 스스로 심판하고 스스로 벌을 주고 스스로 선물을 주는 시스템인 것이다. 이것이 영혼에게는 가장 엄격하고 무서우리라.

또한, 물질 안에서 끝내 성장하지 못한 현재의식들은 이 생에서 가장 자신을 괴롭게 했던 특정 기억이나 감정, 생각 덩어리에 녹아들어 결국 그 자체로 소멸되는 것이 스스로에게 내리는 가장 큰 무서운 벌일 것이다. 이 속에서 현재의식은 어쩌면 물질 세상 속에서 했던 착각을 그대로 반복하고 있을지도 모른다. 영원한 분노 속에서, 영원한 두려움 속에서.

영혼의 세상에는 '안내자'라는 존재가 있다. 이 또한 케오라가 말해왔었는데, 영적 통찰 최면 세션을 진행하면서 많은 사람으로부터도 확인할 수 있었다. 이 존재들은 영혼들의 무리를 실질적으로 이끌면서 도와주고 있는 것으로 묘사될 때가 많았는데, 쉽게 표현하자면 윤회를 끝낸 선배 영혼들이었다.

영혼에게는 물질 세상에서 가져온 자원을 물질 세상 안에서 정화해

ICS 정화와 소통: 영혼의 매트릭스

야 하는 숙제가 있다. 그 숙제를 온전하게 끝내지 못하면, 다시 말해 물질의 흔적이 영혼에게 남아있으면 그 영혼은 윤회를 의무적으로 해야만 한다. 그리고 때론 그 흔적을 지우려고 물질 세상에 내려갔다가 다시 더 큰 흔적들을 지고 돌아오는 악순환을 반복하기도 한다. 이렇게 윤회가 의무인 경우의 영혼이 있는 반면, 이 모든 물질적인 자원을 다 해결하고 본래의 순수한 영혼 그 자체로 존재하고 있는 영혼들도 있는데 나는 그들을 안내자라고 부른다.

안내자들은 더 이상 윤회가 의무가 아니다. 하지만 꽤 많은 안내자는 그럼에도 불구하고 여러 이유로 스스로 물질로의 환생을 선택하는 경우가 있다. 그런데 여기서 분명한 것은, 그들은 이미 물질 세상에서 만들어진 자원을 물질 세상 안에서 어떻게 정화해야 하는지를 마스터한 존재들이므로 결코 다시 짐을 만들어서 영혼의 세상으로 돌아가는 일은 없다는 것이다.

그들은 두 가지의 방법으로 다른 영혼들을 돕고 있는데, 하나는 물질 세상으로 환생해서 직접 특정 영혼들의 인생 안에서 그들을 돕는 방법 그리고 또 하나는 영혼의 에너지적인 모습으로, 인간으로 살고 있는 영혼들을 돕는 것이다. 이럴 때 인간의 입장에서 우리의 의식은 이들을 느끼며 수호신이라는 표현을 종종 쓰게 된다. 그리고 이들은 자신들의 존재를 나타낼 때 우리의 의식이 친근해 할 수 있는 모습, 예를 들어 종교적 인물이나 조상 또는 신비롭고 추상적인 느낌 등으로 우리에게 영감적인 에너지를 보내거나 조언해줄 때가 있다.

그리고 물질 세상에 환생으로 나온 안내자들은 생각보다 많으며 그들은 지금 이 순간에도 당신의 아주 가까운 곳에서 당신의 성장을 돕고 있을지도 모른다. 친구의 모습으로 따뜻한 손길을 내밀고 있거나, 가장 힘든 순간에 나타나서 결정적인 도움을 주고 홀연히 사라질지도 모른다. 아니 어쩌면 당신이 안내자일지도 모른다. 이들은 특별한 모습으로 살고 있지 않다. 여느 인간들의 삶과 마찬가지로 희로애락 속에서 울고 웃으며 인생을 즐기고 있다. 하지만 분명한 차이는, 그들은 더 이상 이 경험들을 자기 것이라고 착각하지 않는다는 것이며 그러니 시간과 함께 이 모든 것들을 그저 유유히 흘려보내고 있다는 것이다. 또한, 우리가 현실이나 외부 세상 속에서 어느 날 문득 '신'이라는 존재를 느낀다면 그건 안내자일 수도 있다.

영혼의 세상에는 안내자와는 다른 존재가 있는데, 그들은 애초 윤회 자체와는 아예 별개로 존재하고 있는 듯했다. 우리와 같이 윤회를 거듭한 영혼이 아니라 어쩌면 근원의 신에게 가장 가까운 존재가 아닐까 싶기도 하다.

나는 이들을 우리가 내면에서 만날 수 있는 최고의 '신'이라고 말하고 싶고, 실제로 그들을 부를 때는 '상위 존재'라고 표현한다. 분명한건, 이 존재는 결코 물질 세상, 외부 세상 안에서 만날 수 없다는 거다.

이들의 에너지는 영혼의 주파수와 완전히 다르기 때문에 물질 속에 온전히 스며들지 못하는 것 같다.

반면 안내자들은 윤회를 끝낸 성숙한 존재이기는 하나 원래의 주파수가 영혼이기 때문에 물질 세상에 자연스럽게 스며들 수 있다. 결국 이들 상위 존재의 순수함은 물질적인 것과는 완전히 차원이 달라서 외부 물질 세상에서 그들을 느낄 수는 없다는 것이며, 이들을 느끼기 위해서는 우리 내면 깊은 곳, 물질에서 분리되어 아무것도 존재하지 않는 고요한 공간으로 시선을 돌려야만 한다.

우리의 의식은 때때로 물질적 매트릭스를 넘어서 내면 깊은 곳에 다다를 수 있고, 그 궁극의 순수한 영역을 통해 이들에게 다가갈 수 있다. 결국 우리의 의식이 잠재의식의 영역으로 겹쳐질 때 우리는 잠재의식의 눈을 통해 그들과 교감할 수 있다는 것이다. 그리고 이것은 아주 깊은 명상이나 이완 속에서만 가능하다.

제3부의 2장 '신비로운 매트릭스 : 영혼의 목적'에서 나왔던, 나에게 인생의 큰 제안을 했던 존재가 바로 상위 존재였던 것 같다. 상위 존재가 영혼에게 실질적인 제안을 하는 경우는 드물기는 하지만, 때론 영혼의 깊은 상처가 있는 경우에는 직접 개입을 하기도 한다. 그 개입이라는 것 또한 어떤 강요나 심판의 성질이 아니라 신의 지혜를 선물하는 것과 같다.

물질 세상의 경험 중에는 단순한 자원을 넘어서서 마치 영혼의 짐이 아니라 영혼의 존재에 직접 박힌 가시처럼 강렬한 상처도 있는데, 나 같은 경우 마녀사냥에서의 그 경험이 그랬던 것 같다. 이에 기꺼이 상위 존재는 나에게 아주 유리하고도 아름다운 제안을 했고 그것은 나와 그 신과의 약속이 되었다. 이러니 나는 이 생에서 꼼짝없이 사람들을 정화하는 인생을 살 수밖에 없으리라.

많은 사람이 안내자를 표현할 때는 비교적 형상화해서 잘 표현하는데, 상위 존재에 대해서는 유독 표현을 원활하게 하지 못하는 경우가 많았다. 이미지화하는 것에 어려움을 느끼거나 어떻게 표현해야 할지 모르겠다고 말하는 이가 많았다. 그것은 당연한 것이다. 왜냐하면 상위 존재들은 애초에 물질적인 주파수에 끼워 맞출 수 없는 존재들이므로. 하지만 사람들은 그저 그들의 방식으로 상위 존재에 가까이 다다르고 사실 그것만으로 큰 위안과 통찰을 얻는 듯했다. 구체적일 필요조차 없는 듯 보였다.

안내자와 상위 존재는 우리가 비물질적인 영적 매트릭스에서 만날 수 있는 신이다. 하지만 나는 이 모든 물질 세상, 인간, 인생, 윤회, 영혼의 세상을 넘어선 곳에 또 다른 차원의 창조주가 있다고 믿는다. 애초에 이 모든 만물을 만든 이가 있을 거라고 말이다. 왜 그는 영혼의 영역인 비물질 매트릭스를 만들고 의식의 영역인 물질의 매트릭스를 만들어 우리를 매트릭스의 세상 속으로 이끈 것일까?

긴 윤회의 여행에서 현생의 존재들은 각각의 위치에 서 있다. 윤회에 갓 들어와서 서툴지만 순수하게 인생을 즐기고 있는 단계, 좋은 것에 대한 집착으로 잔뜩 욕심을 부리고 있는 단계, 집착이 중독되어 고통까지 짊어지기 시작하는 단계 그리고 오랜 고통 속에서 몸부림치는 단계, 어느 날 자각으로 영감적인 에너지가 새어 들어오는 단계, 물질 매트릭스가 다 풀어지고 마침내 고요함 그 자체가 되어 신의 모습이 드러나는 단계…. 인생의 막바지를 향해 가고 있는 노인들의 눈빛을 보면 이 단계가 비교적 선명하게 드러나 보인다.

'저 어르신은 이제 윤회의 끝자락에 계시구나. 곧 신에게로 향하겠구나…'
'저 어르신은 앞으로 더 큰 고통의 인생을 반복하게 되겠구나. 그 정점이 아직도 멀었구나…'

60대가 넘어가고 70대에 접어들 무렵이면 현재의식이 어디쯤 있는지 또한 확연하게 드러난다. 어떤 현재의식은 생각과 감정 그 자체의 모습으로, 과거에서 벗어나지 못한 상처받은 어린아이의 모습으로 또는 부모의 인생에서 끝내 분리되지 못한 채 부모의 모습 그대로. 그렇게 물질적인 매트릭스 그 자체가 되어버린다.

육체적인 소멸보다 더 끔찍한 의식적 소멸이다. 그럴 때 현재의식의 존재는 참 덧없다. 하지만 어떤 현재의식은 나이가 들어갈수록 영감적인 에너지가 가득해진다. 물질 매트릭스가 점점 풀려나간 그 고요한 빈 공간 속에 순수한 에너지가 차오르기 시작한다. 그럴 때 현재 의식은 소멸이 아니라 진화하게 된다. 그것은 바로 자신의 잠재의식 과 하나가 되는 것이다.

언젠가 케오라에게 물었다.

"케오라, 다음 생의 누군가가 지금 나처럼 자신의 내면을 보게 된다면, 그 래서 내가 전생의 인격들을 봤듯이 그도 나를 보게 된다면 나를 어떻게 생각 할까? 외면하고 싶어 할까? 아니면 나를 호의적으로 볼까?"

그러자 케오라가 말했다.

"다음 생의 누군가가 너를 볼 일은 더 이상 없을 거야. 네가 내가 될 테니까. 더 정확히 말하자면 우리는 새로운 어떤 존재가 될 테니까."

신은 잠재의식과 현재의식이 함께하길 바란다. 진정으로 서로 교감 하고, 하나의 인생을 함께하는 이 두 존재가 다시 하나로 일치되어 그 무엇의 새로운 존재로 진화되기를 바란다. 어린 영혼에서 신을 닮은 성숙한 영혼으로 말이다.

어쩌면 신은 수많은 자신을 만들어내기 위해서 이 거대한 윤회의 매트릭스를 만든 게 아닐까?

신의 작품,
그 거대한 매트릭스를 마무리하며

외부를 바라보는 눈은 그저 신체에 국한된 감각적인 눈이다. 하지만 내부를 바라보는 눈은 우리에게 완전히 새로운 감각을 선사한다. 그리고 우리는 인생을 이루고 있는 나의 거대한 매트릭스를 마침내 보게 된다.

처음에 이것은 혼란으로 다가올 것이다. 그저 의식적 감각에만 의존하고 살아왔던 우리에게 적지 않은 정신적 혼란을 일으킬지도 모른다. 하지만 성장은 흔들림과 격렬한 진동 속에서 일어나고 내적인 혼란은 진화의 증거이기도 하다.

매트릭스에는 위에서 언급되었듯이 두 가지가 있다. 우리의 의식적인 차원에서 적극적으로 정화해야 하는 물질 매트릭스 그리고 우리의 의식을 넘어선 깊은 이완으로 교감해야 하는 비물질 매트릭스, 다시 말해 물질 매트릭스를 정화하고 비물질 매트릭스의 영역에 의식적 고요함이 다다를 때 우리는 비로소 진화하게 된다.

나의 매트릭스를 인식하게 되면 그 눈은 다시 타인의 매트릭스를 볼 수 있게 진화한다. 솔직히 누군가를 봤을 때 그 사람의 모든 매트릭스가 완벽하게 느껴지는 것은 아니다. 적어도 나의 수준은 그렇다. 사실 내 매트릭스의 전체 모습을 보게 된 것에만 수년이 걸렸다.

하지만 내가 나를 보는 탐구가 깊어지는 만큼, 타인의 매트릭스 일부를 보게 되는 신비한 체험은 꽤 많이 해왔다. 하지만 여전히 나는 타인의 매트릭스를 보고 리딩 해주는 사람은 아니다. 다만 그들이 스스로 자신의 매트릭스를 보고 풀어낼 수 있도록 도와주는 가이드를 해주는 사람이다.

수년 전, 나의 동료인 김진하 최면 트레이너 선생님을 잠시 지나치며 볼 일이 있었는데 그의 잠재의식이 짧은 순간 이런 메시지를 전해주었다.

"40세 전에 큰 매트릭스를 풀어내지 못하면 나는 이 생에서 더 이상 변화가 없을 겁니다. 그러니 그전에 나는 큰 정화를 시작할 겁니다. 그리고 그때가 되면 그가 중심을 잘 잡을 수 있도록 도와주세요."

그때부터 그의 내면에서 어떤 매트릭스가 작동할지 느껴졌다. 그것은 그가 옳다고 믿으며 꽉 붙잡고 있었던 중요한 어떤 것을 내려놓는 것이었다. 그리고 그는 이 과정에서 알아야만 했다. 내가 옳다고 믿었던 어떤 고집을 내려놓을 때 잠재의식이 지지하고 있는 진짜 소중한 것이 들어올 수 있다는 것을 말이다.

하지만 그 당시 구체적인 말들을 그의 의식에게 쏟아낼 필요는 전혀 없었다. 나는 가이드일 뿐이니까. 그의 여행이 시작되었을 때 아주 간단한 방향만 제시하면 되는 사람이니까 말이다. 그리고 그의 잠재의식의 결심은 몇 년 후 현실에서 그대로 확인할 수 있었다. 갑작스럽게 몰아친 인생의 극심한 방황과 변화 속에서 정말 그의 매트릭스는 격렬하게 풀리는 듯했고 지금 내가 보는 김진하 선생님은 더 이상 예전의 그가 아니다.

나는 참 행복하다.
많은 이들의 그 아름다운 진화의 과정에
함께할 수 있다는 것이 말이다.

매트릭스의 원리에서 또 하나 재미있는 것은 우리의 매트릭스와 타인의 매트릭스가 연결되어 빽빽하게 세상의 매트릭스를 이루고 있다는 것이다. 그리고 더 나아가 인간의 매트릭스 에너지장과 지구에서 나오는 매트릭스의 장, 자연에서 나오는 매트릭스의 장 등이 또 치밀하게 연결되어 얽혀있다.

하지만 이 복잡하고 거대한 매트릭스 앞에서 기가 죽을 필요는 없었다. 왜냐하면 여전히 나는 내 앞에 있는 가장 간단한 실타래 하나만 풀어내면 됐으니까 말이다. 그 실타래 하나를 손에 쥐고 슥 풀어내는 순간 그것에 연결된 오랜 실타래까지 같이 반응하며 저절로 흘러나온다. 그리고 나의 매트릭스 하나가 풀어질 때마다 주변 누군가의 매트릭스도 함께 격렬하게 흔들리는 것을 현실에서 종종 직접 확인할 수도 있었다.

결국 나의 매트릭스는 엄연히 말하면 나만의 것이 아니다. 수많은 인연의 매트릭스가 교묘하게 연결되어 서로 영향을 주고받고 있고, 나의 매트릭스 하나가 풀려나가거나 반대로 강화될 때 그대로 지구와 자연에 영향을 주게 된다. 그 작고 작은 하나의 매트릭스가 풀어질 때 세상 전체 매트릭스의 배열이 바뀌게 되는 것이다.

나를 탐구하는 것이 그들을 살리고
지구와 자연을 살리는 것으로 연결된다니
참으로 경이롭지 않은가.

타임머신을 타야만 미래를 체험할 수 있는 것은 아니다. 우주 망원경이 있어야만 우주의 진리를 엿볼 수 있는 것은 아니다. 종교 안에서만 신을 만날 수 있는 것도 아니다. 또한, 역사서를 통해서만 역사를 알 수 있는 것도 아니다. 그 모든 것들이 내 안에 있다. 내 안의 매트릭스를 찬찬히 들여다보고 풀어내다 보면 우리는 저 이상의 것들을 목

251
에필로그

격하게 될 것이다.

동시성이 가진 매력을 활용하기 바란다. 지금 이곳에서 우리는 그 모든 것들을 이해할 수 있다. 과거와 미래, 오랜 기억, 신의 의도, 영혼의 목적 그리고 바로 이곳에서 우리는 동시에 지옥과 천국을 경험할 수도 있다. 거창할 필요도 없고 멀리 갈 필요도 없음이 신이 우리에게 준 자비임을 알길 바란다.

당신이 지금 발견할 수 있는
당신의 매트릭스는 무엇인가?

ICS 정화와 소통
Inner Communication with my Subconscious

정화와 소통 시리즈

내 인생의 호오포노포노

: 천사들이 들려주는 이야기

내 아이를 위한 정화

: 자녀를 사랑하는 부모들을 위한
정화 가이드북

내 인생의 날개를 펼쳐라

: 현실을 바꾸는 내면의 비밀

**나는 왜 호오포노포노가
안 되는 걸까?**

: 천사들이 들려주는 이야기 세 번째 시리즈

최면 시리즈

의식을 여는 마스터키, 최면

: 메즈머리즘에서 울트라 뎁스® 까지

최면, 써드 제너레이션

: 에고를 넘어서

KMH 전문가 그룹
최면상담 사례집

: 무의식 리-프로그래밍

ICS 정화와 소통: 영혼의 매트릭스

초판 1쇄 발행 2023년 01월 13일

지은이 이영현
펴낸이 류태연

펴낸곳 렛츠북
주소 서울시 마포구 양화로11길 42, 3층(서교동)
등록 2015년 05월 15일 제2018-000065호
전화 070-4786-4823 | **팩스** 070-7610-2823
이메일 letsbook2@naver.com | **홈페이지** http://www.letsbook21.co.kr
블로그 https://blog.naver.com/letsbook2 | **인스타그램** @letsbook2

ISBN 979-11-6054-597-5   03190